武器は走りながら拾え！

Acquire tools while on the go!

高橋克明

YOSHIAKI TAKAHASHI

「ニューヨークBIZ」発行人兼CEO

ブックマン社

はじめに

見る前に飛んじゃえ　——leap on faith——

——ニューヨークはマンハッタンで、東海岸最多発行部数を誇る日本語新聞を発刊し、最多アクセス数のニュースサイトを運営、同時に日本からのイベントプロモーション、米国進出サポート事業を展開するマルチメディアカンパニーを経営しています——

そう自己紹介すると、特に日本のみなさんは僕のことをエリートだと誤解してくれます。

アメリカの大学を卒業、ＭＢＡなんかを取得し、ＴＯＥＩＣやＴＯＥＦＬでもハイスコア、日々ビジネス英語を駆使して、現地のニューヨーカーたちと商談している……そんな、優秀でバリバリの「スーパービジネスマン」だと。

……そう勘違いしてくれるなら、そのままにしておこっかな。

そう思わないでもないのですが、バレる前に実際のところをカミングアウトすると、正体はまったく違う、むしろ真逆のタイプの人間です。

瀬戸内海の片田舎で育ち、学生時代はケンカに明け暮れ、テストなんてまともに受けたことがない。ＭＢＡどころか、浪人してやっと入った日本の私立大学をたった4ヶ月で中退し、そこからフラフラとフリーター生活を開始。新聞配達、テキ屋、ホスト、怪しいケータイ電話販売など実に30職種近いアルバイトを転々としては、その日暮らしで食いつないでいた20代でした。ＴＯＥＩＣやＴＯＥＦＬは存在すら知らなかった。

エリートどころか、完全に落ちこぼれ側の人間でした。今でも本質は変わっていません。ＴＯＥＩＣとＴＯＥＦＬの違いは未だに厳密にはわからない（なんか、留学時に必要なヤツと、ビジネスで使うヤツと……そんな違いだよね、多分）。

それでも今、世界の中心といわれる街のど真ん中にオフィスと自宅を構え、日々この街の最新事情を最先端で取材し、あらゆる国籍の人たちと商談し、３６５日24

時間、これ以上ないほどの刺激的な生活をしています。日米の政界、財界、芸能界、ビジネス界のトップ中のトップと仕事をし、「え？　この人、今、オレとしゃべってる？　ウソだろ」と思う毎日です。

幼少の頃から「死ぬまでに一度は生で見てみたい！」と憧れたハリウッドスターやメジャーリーガー、思春期に誰よりも影響を受けたアスリートやアーティスト、社会人になってから尊敬してやまない経営者や文化人の方々とは、ひとり残らずご一緒しました。本当にひとり残らず、です。

渡米するまで海外留学の経験どころか、海外旅行はおろか国内線の飛行機すら乗ったことがなかった僕が、なぜ、12歳のとき、みんなで書いた七夕の短冊に「将来は、ニューヨークでジャーナリスト」と願ったそのままの人生を、あるいはそれ以上の人生を歩めるようになったのか。

それはたったひとつのことをしたからに、他なりません。

それは、自己啓発セミナーに出席し続けたからでも、特定の宗教に肩入れして拝み倒したからでも、毎日、決まった時間だけ日本経済新聞を読み続けたからでも、毎朝トイレ掃除の習慣を続けたからでも、ありません。流行りの「ウィンウィン」だの「ポジティブシンキング！」だの「ブラッシュアップ！」だのを口癖にしたからでも、異業種パーティーに顔を出し続けて名刺を配りまくったからでも、ない。

僕がした本当にたった、ひとつのこと。それは、

——行動した——ことでした。

「はぁ？」という声が聞こえてきそうです。「何を当たり前のことを」と言われるかもしれません。それに、セミナー参加もトイレ掃除も立派な「行動」じゃないか、と。

果たして、そうでしょうか。僕がここで言う「行動」とは「インプット」のことではありません。「アウトプット」のみを指した言葉だと思ってください。具体的な夢に向かって行う、直接的な体現方法のみのことを指しています。

27歳のとき、ニューヨークにコネどころか、知り合いさえひとりもいない状態で、ビザとパスポートの違いもわからない圧倒的準備不足のまま、七夕の短冊に書いた「第1希望」の夢だけを胸に渡米した。第2希望や第3希望の夢を捨て、その結果、第10希望くらいの人生に落ち着くかもしれないけれど、それでもいい、ただ、実現すると決めて生まれて初めて飛行機に乗った。そこには、自分に才能があるかないかすら、関係なかった。

アメリカに飛び立ったあの日が、僕にとっての究極の「アウトプット」だった、と今でも思っています。

日常の生活や普段の仕事でも、満足のいかない現状を劇的に変えるのは、多少のリスクを背負った「アウトプット（行動）」しかないのではないか、と思っています。日めくりカレンダーのありがたい言葉に納得しているだけでは、何も変わらない。

ニューヨークに来て、日本との違いを一番実感したのは、人々の「インプット」と「アウトプット」のバランスでした。

日本は、国民全体が一定の教育を身につけていて、それは世界に誇れることだと思います。その一方で、情報は必要以上に溢れ、普通に生活しているだけで、望む望まないに関わらず、あらゆる知識、教養がインプットされていく。サブカルチャーの裾野は広がり、次から次へとトレンドを追いかけなくちゃいけない空気が蔓延し、半年前の流行語を口走っただけで、周囲から白い目で見られる圧力に疲労している。情報の海を泳いでいるつもりが、いつしか、その情報に溺れてしまっていく。それが今、僕が外から母国を俯瞰《ふかん》した印象です。自己啓発セミナーに出席すること、偉い人たちの名刺を集めること、それ自体が目的になっているような人も少なくないように見えます。

世界では、とんでもない（愛すべき）バカに会うことがあります。本当に、頻繁に（笑）。日本では、なかなか出会えない、そんな超越的な彼らに会うたび、日本人の多くが今、「インプット」のしすぎなんじゃないかとさえ感じてしまうのです。

人は「生涯勉強」ではあるけれど、それは「インプット」のみを指している言葉ではないはずです。それだけ頑張って得た知識や人脈を、いつ、どこで使うのか。

世界はもっと、単純です。

世界はもっと、行動しています。

特にニューヨークは、夢を追って世界各国から来た人間、あるいは命がけで母国の内戦や差別、貧困から逃れてきた人間が、新しい人生を作るため、ひしめき合い、競争し合っています。言葉もままならないまま、「行動力」だけを武器にして。

その極意をひと言で言うなら、

――見る前に飛んじゃえ！――

アメリカには「leap on faith」という言葉があります。この国で暮らしていると本当によく聞く言葉です。直訳すると「運命に（on faith）飛び込もう(leap)」。宗教的な深い意味合いもあるみたいなのですが、一般的には、「まずは、やっちゃおうぜ♪」とか「とりあえず、スタートしてみよう！」みたいなときに使います。

そう、「見る前に飛んじゃえ」くらいな感じです。

僕はそれを実践しただけに過ぎない。言葉やスキル、資格は、ニューヨークに渡ったあと、走りながら身につけていきました。

インターネットの発達以降、世界の流れはどんどん加速しています。そのスピードのなかでは、インプットしすぎているうちにチャンスは流れていってしまいます。動き始めるための最低限のスキルはすでにあるはず。なにより知識や教養なんて青天井、100%なんて存在しないから、いつまでも追い続けることになる。そうなる前に——。

氾濫している、〝有益チック〟な情報をかき集めることも、流行りの「自分探し」のための「自分探し」も直ちに止め、本棚に並んだ自己啓発本をすべて処分し、まずは本当に自分のやりたいことを自分に聞き、そして、そこに飛び込んでみよう。

準備はいらない。そう言っているこの本こそも、もちろん書店では「自己啓発コーナー」の棚に並べられる類《たぐい》のモノだと思いますが。

なので、読み終わったら捨ててもらってもいい。ブックオフにでも売ってくださ い（大した売値にならなかったらゴメンなさい。万が一、読み返したい場合は、再購入してもらったら、なお嬉し♡)。

この本を手に取ってくれたあなたに望むことは、何度も読み返してもらうことでも、重要な箇所に赤線を引いてもらうことでもありません。

読み終えたらこの本を投げ出して、まず最初の1歩を踏み出すことです。

あなたを含め、この本を買ってくれる誰よりも、落ちこぼれであったと自信を持って言える僕は「行動したこと」だけで、人生をすべてひっくり返しました。

次はあなたの番です。

「見る前に飛ん」じゃって、「武器は走りながら拾え」、ばいい。

2019年11月、ニューヨーク20年目を迎えた日に

筆者

本書を読み終えたら、そこから「行動」しよう。

目次

第3章 打席に立ち続けろ！

プロローグ

「ニューヨークなんて、海に沈んでまえばええねん……」

　専門学校講師の職を辞め、何のあてもなく、子どもの頃からの憧れの地、ニューヨークに渡る決意を告げると、当時の妻は狼狽《ろうばい》しました。ビザや生活費の保障がない状態で、夢を実現するためには単身で乗り込むしかない。つまり、妻にとっては「離婚通知」に等しい告白でした。何日も話し合った末、僕の決心が変わらないと知ると、彼女はうつむきながら、そうつぶやきました。

「いや、マンハッタン島を囲んでいるのは、実は海じゃなくて川なんだけどな……」そう訂正する空気でももちろんなく、僕はただ黙ってうつむくしかありませんでした。

　瀬戸内海の片田舎で生まれた僕にとって、ニューヨークという街は映画のなかの別世界。ニューヨークどころか、観光地として定番のハワイやご近所の韓国などに行ったことさえない。海外どころか、国内線の飛行機にすら乗ったこともない。もちろん英語はまったくしゃべれない。コネクションどころか知り合いすらひとりとしていない。

そんな僕が、急に「行きたかった」という理由だけで、大阪での一流企業の職も、とくに問題もない円満だった家庭も、すべて捨てて「ニューヨークへ行く！」と切り出したのだから、まったく理解できないという彼女の気持ちも当然でした。

どうして、順風満帆な現状を捨ててまで、ニューヨークなのか。

それはもう、子どもの頃からの憧れの地だったからとしか説明できません。キザなセリフだけど、「約束の地」だと勝手に思い込んでいた。

おもちゃで遊んでいても、テレビのＣＭで摩天楼の夜景が映ると、手を止めて見入る子どもでした。12歳の七夕の日の授業では、短冊に将来の夢は「ニューヨークでジャーナリスト」と書きました。当時はニューヨークがアメリカのどこにあるのか、ジャーナリストがどんな仕事なのか、具体的にはわかっていなかったと思います。

ただどうやら「世界の中心らしい」ということは知っていた。作文レベルでも文章を書くことが好きだったので「ものを書く仕事なら楽しそう」くらいの認識でした。

当時の僕は、大阪でマスコミ系専門学校の講師をしていました。講師といっても、営業として入社し、体験入学を受け持つ程度の見習い準講師扱い。それまでマスコミ業界で本格的に働いたこともなく、空き時間には依然、高校生相手に生徒募集の電話営業もするような、パッとしないごくごく普通のサラリーマンでした。

それでも当時の専門学校は人気商売で、カリキュラムや就職実績より、生徒を集められる人気の高い先生でさえいれば、評価されました。

実際、人前で話すことが嫌いじゃなかった僕は、授業内容はさておき、体験入学に来た高校生たちを笑わせるだけ笑わせると、生徒数はどんどん増えていきました。「カリスマ○○」という言葉が流行っていた時代、実際に「カリスマ講師」と紹介され、地元のラジオ番組に出演したこともありました。

このラジオ出演には、なにより田舎の両親が喜びました。里帰りの際、学生時代によく補導された岡山県警の巡査とバッタリ会ったときにも、「おまえも偉うなったのぉ。このままおとなしゅうしとけよぉ」と笑顔で肩を叩かれ、口うるさい親戚の叔母さんにも「やっとアンタも落ち着いたなぁ〜」とホッとした顔をされていました。
確かに、ただの専門学校の講師とはいっても、田舎の不良学生から始まり、家出同然で上阪して、浪人までして入った大学もたった4ヶ月で辞め、フリーターとして長い間フラフラしていたことを考えると、20歳のときに家庭を持ち、講師生活も5年目を迎え、平均的な大卒以上の給与をもらい、経済的にも安定していた。不満のない生活に、腰を据えたかに見えました。自分でも。
上出来といえば、上出来。それまでの経歴を考えれば、上々の現状、ではあります。でも、ただひとり、カッコつけた言い方をすると、本当にこの世でただひとり、自分だけが渇いていました。

「これが、本当にオレのしたかったことなのかな……」

あいかわらず生徒は増えていく。給料も上がっていく。家も買って、車も買って、生活は安定していく。でも、その一方で「なにかが違う」と感じている。

だって今の自分は「偽物」だから。

カリスマ講師と呼ばれていても、実際は講義前日に、梅田の紀伊國屋書店で「マスコミ業界」と書かれた本を立ち読みしたその内容を、先輩講師に教えてもらった内容を、そっくりそのまま教壇で披露するだけ。それでも講義中、冗談を挟んで笑わせれば、生徒からクレームはこない。こないどころか、受講生は増えていく。「偽物」なのに。

一方、大阪のテレビ局で実際にプロデューサー経験を持つ同僚のおじいちゃんは、口下手というだけで生徒が思うように集まらない。「本物」なのに。

好きなように生きないことは、「罪」になる

「なにかが違う」――そう思いつつ、それでも住宅ローンに追われる日々でした。そんなとき、岡山の実家から電話がかかってきます。五つ上の兄が急性くも膜下出血で倒れた、と。

「生徒会長」だった兄と「不良番長」だった僕は、「同じお腹から生まれてきたとは思えない」と幼い頃から周囲に言われるほど真逆の性格で、ここ数年は口をきくことすらありませんでした。なので、兄に病気の兆候があったかどうかも知らず、いきなり「今夜がヤマだろう」と電話口で父に言われても、そのときはピンときま

せんでした。

最終の新幹線で帰省した僕を待っていたのは、泣きじゃくる母と集中治療室で管に繋がれた兄でした。

仲のよかった思い出もたいしてない兄が、死を覚悟してベッドから力のない手を伸ばしてきて、僕の手を握ります。

「ワシはもうおえん、みとうなけえ（自分はもうダメみたいだから）」

そのあとに続く言葉が「親父とオフクロを頼むぞ」であれば、僕の人生もまた違っていたかもしれない。

でも、途切れ途切れの兄の言葉は、よりにもよって、

「おまえは好きなように生きりゃあええけえ、昔からそうじゃったけえ……」

でした。


その瞬間、後頭部をガーンと殴られたような気がしました。

兄は奇跡的に一命を取り留めましたが、一生、障害が残る身体になりました。

兄もまた予備校の講師でした。僕と違って兄は「本物」。親身になって生徒の相

談に乗り、教壇に立つことが生き甲斐の男でした。それなのに、もう二度と教壇に立てない身体になりました。

「本物」が、もう立てない。なのに、本当にしたい仕事でもなく、生き甲斐でもない「偽物」の僕は、また大阪に戻って、平気な顔で教壇に立つのだろうか。また笑いに走り、中身のない授業を続けるのだろうか。

幼い頃から、いつも自分を殺して他人を優先してきて、あんなに優秀で、あんなに真面目に生きてきた兄が、人生を好きなように生きられなくなった。そんな兄が死を覚悟したベッドで「好きに生きろ」と手を握ってきた。僕は突然、年老いた両親に加え、障害を抱える兄弟を持つ身になったわけで、本来であれば、「しっかり堅実な道を歩もう」と手堅い人生戦略を立てるいいタイミングなはずです。

それが、兄のセリフをきっかけに、こともあろうに、真逆のことを考えるようになってしまっている自分がいました。「人生、好きなように生きられる可能性があるのに、そうしようとしないのは、それはもう罪なんだ」。そう諭されたような気がしました。

兄の病室をあとにし、大阪に戻った僕を待っていたのは「来年度設立される新校舎の拠点長」への任命でした。おそらく社内最年少だったと思います。異例の出世に妻は喜びました。年が明けると、それに伴い給与も上がる。

「そうなったら、さすがのオレも、もう辞める勇気はなくなるだろうな……」

漠然とそう思い始めていました。


数日後、歯医者に行ったときのこと。待合室の雑誌を手に取ると「来たるミレニアムはどこで迎える!?」という特集記事に目が止まりました。世界各国の2000年を迎えるカウントダウンの名所が並んでいるページを眺め、そのとき「世紀が変わっても、ここで同じことをしているのだろうか」と愕然としました。そして、それは当時の僕には何より怖いことでした。

ページをめくるたび、忘れかけていた憧れの地への思いが蘇ってきます。

——当然のごとくその特集の巻頭扉は、ニューヨークのタイムズ・スクエアでした。

なんだ、簡単なことだったんじゃないか

その日から、会社からの帰路、自宅の最寄り駅のひとつ前で下車するようになりました。思い詰めて、考えすぎて、電車内にじっと座っていられない。
まだ、なのか。まだ、ここじゃないのか。

家出同然のように故郷を離れ、新聞配達時代には蛇に鼻先を噛まれ、ホスト時代にはヤクザに囲まれ、お酒も飲めないのにカクテルの作り方を覚え、引越し屋のバイト先でおっさんたちに怒鳴られ続け、生徒からその場しのぎの人気を必死にかき集め……。

そこまでして、やっと安定した生活を手に入れたのに、「まだ、ここじゃない」と自分は思うのか。ひょっとしてただの「飽き性」なんじゃないのか。起きている間は、そんなことばかりを考え、気がつけば、途中下車してしまう日々。自宅までの夜道を歩きながら、「もう自分を誤魔化しながら生活するのは、限界かもしれないな」と考えていました。

そして拠点長就任式の当日。妻には一切相談せず、会社に辞表を提出しました。式当日で迷惑をかける心配があったにもかかわらず、会社はスンナリと辞表を受け入れました。結局、〝史上最年少〟だの、〝カリスマ講師〟だのともてはやされても、自分の代わりはいくらでもいたということです。

今の時代、誰もが自分は「特別」だと思っている。ということは、イコール誰もが「特別」じゃないということ。

まだ具体的な未来図を何も描けていない状態で衝動的に会社を辞めた、その帰り道。ビルの谷間から梅田ナビオの観覧車が見えるカフェで拠点長任命書をゴミ箱に捨て、外に出て、夏の夕日が差し込んだ街並みを見たとき、さーっと道が拓けたように目の前が明るくなった感覚を覚えています。

なんだ、簡単なことだったんじゃないか——と。

1999年の7月。昔のどこかの預言者が世界の終わりを告げた月。少しずつだけど、人生が動き出した気がしました。

人生2回あれば。人生1回だから

その夜、帰宅して玄関を開けると同時に、灯りがついてクラッカーが鳴りました。

ダイニングに向かうと、「おめでとー！」と、いつになくはしゃいだ妻の掛け声のなか「祝！　拠点長就任」と書かれたデコレーションケーキがテーブルに置かれていました。

「……今日、会社、辞めてきた」

火薬の匂いがまだ残る部屋で、妻と目を合せずに、そう告げました。

クラッカーを手に持ったまま、言葉の意味自体、理解できないクエスチョンマークの顔をした妻に「ニューヨークに行く」と続けました。

「え、転勤？」――ニューヨーク支社なんてない。
「え、留学？」――勉強しに行くわけじゃない。
「え、紹介？」――知り合いなんてひとりもいない。
「え、メジャーリーガー？」――そんなわけないだろ。

困惑する妻に「ジャーナリストの夢を実現するためにも、単身で行く。待っていてくれるなら嬉しいけど、待っていてくれなくてもいい」と伝えました。

「ビザは？　パスポートすら持ってないじゃない。英語なんて一言もしゃべれないし」。混乱する妻に「もう、決めたことだから」とだけつぶやきました。

ケーキは一口も食べられないまま捨てられました。


その日から妻による抗議と説得の日々が始まります。

「今の生活の何が不満なの？」

そう詰め寄られたこともあります。何も不満じゃなかった。もし人生が2回あったなら、絶対に行かない。でも悲しいかな、人生は1回しかない。だから、行く。もうそれ以外の選択肢はありませんでした。


延々と繰り返された話し合いの末、妻とのあいだで決まったことは、「渡米した後、半年だけ待って、それでも夢を実現できていなければ、離婚届を提出する」「家のお金には一切手をつけず、渡航費用、当面の向こうでの生活費は今からのアルバイトで捻出する」という二点でした。

財産はすべて妻に渡し、家と車のローンに当ててもらいました。

そこそこサラリーのよかった講師を続け、計画的に貯金をしてから退職し、そこから渡米したほうがよかったなと、今なら思います。でも「いつか、いつか」で、機会を逃すことのほうが怖かった。講師を続けていれば、「人生、このままでいいかも」とズルズル続けそうな自分が怖かった。

なので、その日から、またアルバイト生活に逆戻りです。それでも、明日もわからずフリーター生活をしていた頃と比べると、ずっと楽しく感じました。

「人間、目標があるかないかで、同じことをしてもこうも違うんだ」

そう実感しながら、約8ヶ月間、トラックに荷物を積んだり、スタンドでガソリンを入れたりしました。ポケットに英単語帳を忍ばせつつ。生まれて初めてのパスポートを申請しつつ。

期限は「夢が叶うまで」

2000年11月11日。ユナイテッド航空ニューヨーク行きに搭乗するため、関西国際空港に到着しました。

「1年前だったら平成11年11月11日で、一番好きな数字がゾロ目で揃う縁起がいい日だったのになぁ」、とチケットを見つめながら、そう思ったことを覚えています。

「それより、平成という日本でしか通用しない年号なんかにこだわるより、これからは世界中の誰もが記憶する〝ミレニアム〟という記念すべき年でよかった」と思い直したことも。

夢が叶うまでは、日本の地を踏まない。

のたれ死んでもいい。とにかく人生を変えてやる。そんな覚悟でした。

27歳にして初めての「遅すぎる飛行機初体験」は、「意外と窮屈なんだな」とエコノミー席に驚いているうち、気がつけば離陸していました。そして備えつけのイヤホンを耳に、音楽チャンネルをザッピングしている間に、口を開けて爆睡していたようです。そういえば、前夜から荷造りで一睡もしていなかった。

何時間経ったのだろう。耳元から響く、聞き覚えのある大物演歌歌手の歌声で起こされました。どうやら、演歌チャンネルで止まったまま眠りに落ちたよう。僕の初渡米はサブちゃんの『まつり』からスタートしました。

そう、〝これが、男の、祭りだあよぉー〟から。

人生逆転を狙って

当時の僕の英語力といえば、「アルファベットならギリギリ全部書ける。小文字になると怪しい」レベル。つまりゼロに等しい。Thirteen と、Thirty も、どっちが「13」でどっちが「30」なのか定かじゃない。そんな状態だったので、渡米を報告した周囲にはひとり残らず反対されました。

本当にキッレーイに全員に、です。義理の母には罵《ののし》られ、親族からは鼻で笑われ、友人たちには引き止められました。

「逃げてるだけじゃないのか」と上司には説得され、「もう少しよく考えたら」と部下には心配され、「無理に決まってんじゃん」と先輩には爆笑され、「ま、頑張って」と後輩にはニヤニヤされ、「また、またぁ」と同期には冗談だと思われました。

それでも、行かなきゃいけないと思い込んでいた。じゃないと、道は拓けない。行けば運が拓けて、くだらない人生の一発逆転ができる。そう勝手に思い込むようにしていました。というか、みんなが反対しているなか、そう妄想するしか手立てがありませんでした。

乗り継ぎのデトロイト空港のロビーでは、「アメリカの絨毯《じゅうたん》にもシミがあるんだ！」と当たり前のことに感動しました。今どき中学生の修学旅行でも訪れる国は、当時の僕には映画のなかの別世界。そんな場所にも、日本と同じように絨毯にシミがある。そんなことですら、新鮮に感じられました。

無条件で自分を信じたご褒美に、今、まさに映画のなかのあの国にいる、という感動をもらいました。

第1章

人の話は聞くな!

BE TRUE TO YOURSELF!

夢を実現する第一ステップは、まずは「人の話を聞かない」ことだ。

「いいじゃん、やっちゃえよ!」って。

たとえ10人からどんなにありがたく有効なアドバイスを聞いたとしても、もっとも耳を傾けるべきは11人目の自分の声。

耳を傾けてしまうか、スルーできるかで人生は大きく変わる。

圧倒的に自分の声を信じた結果があるだけ。

聞くべきは、11人目の自分の声

夢を実現する第一ステップは、まずは「人の話を聞かない」こと、だと僕は本気で思っています。

そして、それはその後、日米のあらゆる業界のトップ1000人以上に単独インタビューし、彼らに成功の秘訣を直接聞き続けたことにより、確信にも変わりました。

なので、今、日本の講演会等で若い世代に向けて話す際、最初にこう伝えます。「人の話を聞いちゃダメだよ」、と。

その瞬間、彼らは律儀にメモをとる手を止め「えっ」と顔を上げてこちらを見てきます。聞き間違いかな、というような表情で。無理もありません。彼ら、そして特に僕たちの世代は「人の話をよく聞きなさい」と育てられてきました。

親の言うことを、学校の先生の話すことを、上司、先輩のアドバイスを、とにかくよく聞きなさい、と。

最初に断わっておくと、もちろん人の親切な忠告は聞いたほうがいい。なにも

「人の話に一切耳を貸さず、自分勝手に生きよう」と言っているわけでは決してありません。
ただ、どうしても叶えたい夢であったり、自身の本当に求めていること、したいこと、圧倒的に自信があることに関して、一番知っているのは、他の誰でもなく間違いなく自分自身、だということです。おそらく親兄弟でもそれらのすべてを理解することは不可能です。

たとえ10人からどんなにありがたく有効なアドバイスを聞いたとしても、もっとも耳を傾けるべきは11人目の自分の声。

周囲の声に惑わされるくらいなら、むしろ聞かないほうがいい。自分の心の声だけに何度も、何度も、耳を傾ける。自分のやりたいこと、ほしいものは、世界中で自分しかわからない。だから優先すべきは、やっぱり自分の声でしかない。

それは、人に自分の人生を決めさせない、ということでもあるから。

人生をひっくり返すくらいの行動は、勝手なひとりよがりの妄想から始まると僕は信じています。

ドリームキラーは、悪者とは限らない

今、あなたの夢に反対している人はいますか？
その人は、なぜ反対しているのでしょう。

誰の人生にも夢を潰すドリームキラーという存在がいます。
そこに耳を傾けてしまうか、スルーできるかで人生は大きく変わる。

僕にとってのドリームキラーは、親戚の叔母さんでした。一番多感な思春期に、会うたび僕の目を見て「アンタは将来心配なんよ。協調性いうもんがないから、社会出ても、絶対うまくいかんわ」。そう言われた回数は10や20じゃなかった。僕の生まれた町は造船業が盛んだったので「とにかく手に職つけて、船でも造られぇ（資格を取得して、溶接業にでも就きなさい）」とも言われました。大人に、顔を合わすたびにそう言われ続けたら、10代なら「あぁ、そうなのかなぁ」と思ってしまう。

一方で母親からは、いつも「アナタは特別なモノを持っているから、ずっと自信

を持っとくんよ。必ずうまくいく」と真逆のことを言われ続けました。親とはいえ、ここまで過信しきっているのは、これまた問題あると思うのですが（笑）、それぞれ根拠のない両極端な意見を片耳ずつで聞き分けて、結果バランスが取れていたのかもしれません。どちらか一方だけだったら危険だった気がします。

ここで厄介なのは、その叔母さんが〝悪い人〟かというと、むしろとっても〝いい人〟だということ。

映画やドラマのなかのドリームキラーは、わかりやすいほどの「悪人」ばかり。だけど現実の世界では、むしろ「いい人」な場合のほうが多い。

叔母さんも、ご近所や親族の間でとても人気者で、今でも、たまの帰国のたび妻や子どもをごはんに連れていってくれるような人。そんな人だからこそ、当時、僕の将来を本気で心配し、親切心で言ってくれていたわけです。

今、ニューヨークで暮らしていると、それを実感します。この街は世界一の人種のるつぼ。自宅の右隣はハンガリー人夫婦で、向かいは韓国人家族、左隣はアメリカ系フィリピン人のお兄さんと、聞いたことのないナントカ共和国のオジさんのゲイカップルが暮らしています。

世界各国の人と日常的に触れ合っている僕が断言しますが、世界で一番、優しく、責任感のある人種は間違いなく「日本人」です。日本人は相談事に、世界一「優しく」「責任感ある」回答をしてくれる。ということは、新しく何かをしようと相談しても、反対される確率のほうが高い。

なぜなら、自分のこと以上にあなたのことが心配で、失敗してほしくない、傷ついてほしくない、苦しんでほしくない、から。だから現状維持を勧めてくる。今のあなたでいい、今のあなたで素敵、今のあなたを愛している、だから無理をしてほしくない、と。

たとえば留学を考えていると相談したら「うん、すごくいいと思う。でも語学は日本にいながらでも勉強できるわけだし、タイミングを見計ってからでも遅くないんじゃないかな。結果、行かなくてよかったってなるかもしれないし……」云々。

たとえば会社を辞めて独立をしようと思っていると相談したら「うん、すごくいいと思う。でも、まずは会社勤めしたまま、サラリーをキープして、週末にでもマーケティングしながらタイミングを見計らってからでいいと思う。結果、辞めなくてよかったってなるかもしれないし……」云々。

そう引き止められた経験は誰しもあると思います。

あなたのことを本気で心配しているからこそ、まずは引き止める。説得力もあり、納得もさせられる。従うほうが正解に思えてしまいます。でも、あなたがどれほどその夢を実現したいかは、たとえその人でも理解できない。仮に、その助言通り止めたとして、あなたがどんな想いでその夢を諦めたかもその人は知ることはない。である限りは、やっぱり親切なその人はドリームキラーでしかなくなってしまう。ちょっとひどい言い方になってしまうけれど。

それに、いつか諦めた夢を後悔して、せっかく心配してくれたその人たちを恨むようになったら、それこそ最悪です。

相談相手はなるべくテキトーな人に

なので、僕は今でも新しいプロジェクトに打って出るときや、新しい事業をスタートさせるとき、基本、誰にも相談しません。

それでも相談するとしたなら、いつもの悪友、台湾人のジャックと、スイス人のマシューに相談します。

2人は最後まで聞き終わらないうちに（なんなら手元のメニューに目を落としたまま）、「Let's do it♪（いいじゃん、やろうぜ）」とテキトーに答えてくれます。「おい、簡単に言うけど、ダメなら責任とってくれんのかよ」。そう言う僕に、満面の笑顔で「とるわけねーじゃーん♪」とウインクしながら親指立ててくる。グッと気がラクになる。それで十分。ニューヨーカーはどこまでいっても自己責任。彼らが今ここにいる経緯自体、〝自分の声〟に従った結果の場合が多いから。

どうしても誰かに相談したいなら、なるべくテキトーで、無責任そうな人に。

実は、すでにあなたのなかにある答えを、笑って後押ししてくれるから。「いいじゃん、やっちゃえよ！」って。

伝統より自分を信じた勘三郎さん

歌舞伎役者の故・中村勘三郎さん（18代目）に、かつて2度インタビューさせていただきました。平成中村座がニューヨークのリンカーンセンターで公演を行ったときのことです。当時、メガヒット公開中だった映画「スパイダーマン」より面白い！　とニューヨークタイムズが絶賛し、スパイダーマンのコスプレをしたファンたちが劇場に視察に来たことがまたニュースになるほど、平成中村座はニューヨークで大ブレイクしました。

2度目のインタビューの際、ご本人があまりに気さくだったこともあり、僕は事前にマネージャーさんからＮＧと言われていた質問をあえてぶつけてみました。怒られることを覚悟の上で。当時、歌舞伎にヘビメタを取り入れて、「斬新だ」と絶賛される一方、昔からの歌舞伎ファンや関係者から「邪道だ」と非難されていたことについて、

「スーパー歌舞伎じゃないんだから、と非難の声もあったと聞きましたが……」

そう質問を言い終わらないうち、勘三郎さんは、笑いながらある言葉を被せてきました。その一言に僕は鳥肌が立ったことを今でも覚えています。

「江戸時代にエレキがあったら、使ってたっつーの（笑）！」

歌舞伎なんて、今も当時も庶民の娯楽。そんな高尚なものじゃない。評論家やマニアが「そんなもの歌舞伎じゃない！」と批判したところで、正解は自分が知っている。「だって、オレが中村屋だもん（笑）」。予想なんかじゃなく、絶対に使っていた、と知っている。なぜなら自分以上に歌舞伎に携わり、歌舞伎を愛し、歌舞伎に必死な人間は他にいないから。そんな矜持《きょうじ》が見て取れました。

人の話どころか、伝統にすら耳を傾けなかった。

そこには圧倒的に自分の声を信じた結果があるだけでした。

勘三郎さんの言葉は、その後の僕の仕事に非常に大きな意味を持ちました。

もちろん、日常生活のなかで僕は99％人の意見に耳を傾けるほうだと思っています。でも、確信ある1％に関しては誰の言うことも聞かない。

たとえば日々の新聞制作において、専門分野でない広告デザインなどは、20代のインターンにすら意見を聞くし、方針もコロコロ変えます。でも、ヘッドラインの文言やインタビュー記事の見出しについては、誰の言うことも聞かない。社員全員が反対意見でも、そこは多数決じゃない。

自分の夢ならなおさら、周囲の多数決で決める必要なんてどこにもない。

仮に親兄弟を含めた周囲の全員が反対しても、最低限、自分だけは自分を信じてやる。それが基本。

というか、そうでも思わないと、今の世の中やっていけません。

人の話を聞いてばかりいると、周囲の声や評価が、まんま自分の人生になってしまう。


人の話を聞かないなんて勝手すぎる、と言われるかもしれません。でもそこは心配しなくても大丈夫。社会はそんなに甘やかしてくれない。ときには自分に向けて「ＮＯ」をいっぱい突きつけてきます。

それでも自分の声を聞き、自分を信じてやれるかどうか、が重要。自分を信じられないヤツは、多分、誰からも信用されません。だから、周囲にバカと思われるくらい圧倒的に自分を信じて行動すればいい。

自分の声が〝正解〟だったと証明される日まで。

第2章

自分を大切にするな！

DON'T TREAT YOURSELF TOO IMPORTANT!

すべてがわからない街での生活は、
こうしてスタートした。

もうそれしかない、
「思い込む作戦」。

あの日から、ニューヨー
アメリカは、世界は変わっ

タイミングなんて
んでいたら、結局
つまで経っても動
出せない。

考えずにもう、
動く、こと。

自分を大切にしなか
からこそ、僕はニュー
カーたちに体当たり
ことができた。

「こいつ、英語がしゃべれないよ！」

ニューヨークまでの機上、不思議なことに、僕には不安がまったくありませんでした。むしろ圧倒的な自信があった。到着後は、とりあえず事前予約していた寮に行くこと以外は、まったく白紙の状態だったにもかかわらず、根拠もなく、「なんとかなるだろう」くらいに思っていた。

今となっては、夢を叶えるという点で、これはとても重要なポイントだと思っています。長期的な意味で人は圧倒的にポジティブであるべきだし、そこに大した根拠や理屈は必要じゃない。

いろいろなトラブルが待ち受けているだろうけれど、最終的には「オレ（ワタシ）は、なんとかする」――この本を手に取ったあなたも、無条件で、まずはそう思い込んでください。今でも僕はそうしています。そうするようにしています。

なぜなら、戦っていくうちに「根拠なき自信」なんて、簡単に壊してもらえるから。だから、行動のベースはせめて、ポジティブにセットするくらいでちょうどいい。

事実、「絨毯のシミ」ごときで感動し、浮かれていた乗り継ぎ空港のロビー、この目的地ニューヨークに到着する前のデトロイト空港の時点で、僕のその根拠なき自信は木っ端微塵に叩き潰されます。

売店で自分なりに予習していた英語で、コーラを注文したときのこと。
キャン、アイ、ハブ、ア、こーく？
大人3人分を横につなげたような黒人のおばさんは、日本のサービス業では聞いたことのないボリュームで、ひとこと「WHAT!!!?」と怒鳴って（いるように聞こえて）くる。

……いや、だから、キャン、アイ、ハブ、ア、こーく……

威圧され、ますます声が小さくなった僕を、さらに彼女は睨んで（いるように見えて）くる。このやりとりを何度かしている間、周囲のアメリカ人にはずっと笑われてい（るように感じ）ます。こっちは、ただ、コーラを飲みたいだけなのに。
最終的に、このミニクーペのようなおばさんは、アメリカ人が「お手上げ」と判断したときにする、例の、両手のひらを上に向け、肩をすくめる、あの特有のアクションをしながら、奥にいるマネージャーらしき男性に、こう叫びました。

「He can't speak English!!!（こいつ、英語がしゃべれないよ！！！）」

え？　オレが今しゃべったのは、英語じゃないの？

え？　高校時代の英語の先生も、似たような発音だったけど？

目の前が真っ暗になりました。あらゆる英会話フレーズのなかで、もっとも単純な例文。ラジオ英会話なら、初日のチャプター1、が通じない……！

これから僕が飛び込む世界は、僕の英語を英語じゃないと言い切る人たちの世界。注文するただのコーラに、冷や汗と心臓のバクバクと周囲の嘲笑が（頼んでもないのに）ついてくる、辱めバリューセット。お得感どころか、プライド木っ端微塵感、満載。

さっきまでの浮かれ気分はどこへやら、本丸ニューヨークの地に辿り着く前に、もう帰りたくなっている自分がいました。

今までの自分が、日本で当たり前のようにしていたことが、まったく通用しない空間にひとりでいることに、このとき、初めて気づかされたのでした。

いや、薄々頭のなかではわかっていたけれど、頭のなかでしかわかっていなかった。夢を叶えるどころか、普通の生活も送れないいんじゃないのか。心底怖くなった。コーラは諦めた。

これが、僕が人生で最初に本格的に遭遇したアメリカ人でした。日本に観光で来ている旅行者でもなく、英語学校の講師でもなく、現地に生息する天然モノ。生粋のアメリカン（それ以降、しばらくの間、例の肩をすくめて、両手のひらを上に向けるアクションを見るのがちょっとしたトラウマになる……）。

人生のワクワクは、ピリピリやグズグズの先に

それでも、ニューヨークのＪＦＫ空港に到着し、タクシーでマンハッタンに向かう際の、前方に見える摩天楼の夜景が異様にキラキラしていたのを今でも覚えています。

これから始まるんだとワクワクしていたのか、やっと辿り着いたとドキドキして

いたのか、もう戻れないとピリピリしていたのか、さっきのコーラ事件のショックをグズグズ引きずっていたのか、不思議なことにそのときの感情だけは、ハッキリと思い出せません。多分、その全部だった。

感情は思い出せなくても、その景色は今でも目の裏に焼きついていて、ひょっとすると、あの光景こそが、その時点での僕の人生のハイライトだったのかもしれません。

初の海外ということもあり、航空券を買った旅行会社の人には、さんざん脅かされていました。同時多発テロ以前のニューヨークは、日本人にとってみれば、まだまだ危険な街。

「現金は持ち歩かない」「持ち歩く場合は、靴下のなかに忍ばせておく」「もし強盗に襲われたら、50ドルだけ渡して抵抗しない」「全額渡すと、高額すぎるので口止めで殺されるかもしれない」などと真顔でアドバイスされる時代でもありました。

結局、そこから20年、この街で暮らし、真夜中に歩き回り、地下鉄で移動しまくる新聞業をして、ただの一度も襲われたことはなかったけれど、当時は、その情報を丸々、信じるしかありませんでした。

なので、寮に到着したタクシーから降りた次の瞬間、通行人の黒人とぶつかったときは、瞬間「殺される！」と固まりました。ヨボヨボのそのおじいちゃんは、震える手で「……ごめんよ」と僕の肩をポンポンと叩き、去って行きました。


そのくらいすべてがわからない街での生活がスタートしました。


初めて訪れたニューヨークという街は想像以上の輝きでした。

来たこともないのに、あれだけ憧れ続けたのは、多分、本能の部分で「行くべき場所」だったんだ、と妄想甚だしくも思い込めるほど、見るものすべてがキラキラし、ただそこにいるだけで幸せを感じました。

今どき、ニューヨークなんて観光で誰でも来られる街にもかかわらず、そのときの僕は「今、ここにいる」というこの瞬間だけで、仕事も家庭もキャリアも貯金もすべて捨ててよかったと思えるほどでした。

まだ何も実現していないにもかかわらず。


その後、世界１００都市以上に仕事やプライベートで訪れることになるのですが、未だにこのときの感動に勝てた街は世界中、どこにもありませんでした。

到着した翌日、僕はミッドタウンはトランプタワーの一角にあるナイキタウン（Niketown）に向かいます。

渡米前から、到着したらまずは、この世界一有名なナイキのフラッグシップストアでスニーカーを購入しようと決めていた。

ニューヨーク、特にマンハッタンは、アメリカでも稀に見る「歩く街」だと聞いていたからです。北米全土、車なしで歩いて目的地に行くことができる街は、ニューヨークくらいなもの。その街をとにかく歩き尽くすために、まずは真新しいスニーカーを手に入れようと思っていました。

店内の壁四方にズラーっと並ぶスニーカーとは別に、ひとつだけショーケースに入った一足が目に止まります。見た瞬間気に入った僕は「手にとって見たい」とジェスチャーつきで、近くにいた店員にお願いしました。

彼は、申し訳ないんだけど、と前置きして「これ、展示用なんだよ、ビンテージ品でね」と謝ってきたので、僕は返す刀で「あ、ビンテージなんだ」とつぶやきます。すると彼は「え？　なんて？」と聞き返してくる。

「あ、だから、これ、ビンテージ品なんでしょ、売り物じゃない」そう答えると、また、「何？　ごめん、わかんない」。……嫌な汗が出てきます。「いや、だから、ビンテージなんだろ？」。「パードン？」。「……だから……ビンテージ」。「エクスキューズ・ミー？」。「ビンテージ！　ヴインテイジ！　ビンテッズウィイ！　ヴィンティズぅイイィ！」。「……ごめん、何言ってるかわからないんだけれど、とりあえず、これは売り物じゃない。ビンテージなんだ」

……親切な店員さんだったと思います。一生懸命、僕の発する言葉を理解してくれようとした。でも、長いセンテンスが伝わらなかったとか、流暢に会話の応酬ができなかったとかではなく、彼が「Vintage」と言った直後、間髪入れずに発した僕の「ビンテージ」が伝わらなかった。

学校で習った「v」の発音を駆使して、思いっきり前歯で下唇を噛んで、自分のなかのいく通りもの発音で「ヴィンテェジゥイィ」を繰り返し、彼も僕の口元に異常に顔を近づけて読み取ろうとし、それが通じなかった。

今、彼が発したばかりのひとつの単語を、そのまま繰り返し発音して、それが伝わらなかった。前日のコーラ事件といい、この日のスニーカー事件といい、渡米当日、翌日からとんでもない現実を突きつけられた気がしました。

そこからは、まず言葉の苦労の日々が始まります。

鍵が壊れているユニセックス（男女兼用）のトイレで用を足していたら、「Don’t you mind?」とノックされ、慌てて「No!!!!」と答え、婦人警官に思いっきり開けられて、思いっきり見られて、慌てた彼女になぜか、瞬間的に腰の拳銃に手をかけられたり（Don’t you mind～?に対する否定の返事はYES!）。純粋に時間を知りたくて女性に「Do you have time?」と聞くと「No! I have a boyfriend!」と逃げられたり。職業を聞かれて、学生でも社会人でもない身分を隠したくて、考えに考えて出てきた単語が「Secret service!」だったり。

特に食べ物に関しては初っ端から苦労の連続でした。「ハムベーグル」と注文すると「ハンバーガー」を作られそうになり、「違う！　ハム、ベーグルだよ」と念を押すと「わかってる！　ハン、バーガーだろ」とさらに念を押され、「よく、口元を見て。ハム……ベー、グ、ル」。「わかってるって！　ハン……バー、ガー」。「……うん、もう、ハンバーガー」。今なら「ベーグル・ウィズ・ハム」というところ。当時はもう諦めるしかありませんでした。

焦りを一瞬で解決する方法

言葉で注文するから、食べたいものが食べられない。それならばと、メニューの写真に番号が振られているファーストフード店に行くことに。これなら指差しオーダーができる。

カウンターに置かれたメニューのなかから、３番のバリューセットを注文すると、さすがに「ナンバー３！」は通じたらしく（指を３本立てたしね）店員の彼女は「３番ね。ＯＫ、ＯＫ！」と親指を立ててくれました。

通じたことと、やっと食べたいものが食べられる嬉しさで、「そう！　３番！３！　ナンバー３！」と僕がニコニコ繰り返していると、目の前にビッグマックバーガーのセットが３つ出てきました。

満面の笑顔は、死んだような顔になり、日本人にはひとつでもデカすぎるアメリカ版ビッグマックが３個並んでいる手元のトレイを見つめます。もちろん日本では見かけることもないバケツサイズのドリンクも親のカタキほどの量のポテトも３つずつ……。

こんなときはどうするか。

もうその頃には、英語が通じないことに慣れてきていて、自分なりの解決策を見つけ出していました。

「そう、オレはビッグマックを3つ食べたかったんだ」と思い込む。

もうそれしかない、「思い込む作戦」。

かなり無理して3つのセットを食べ切りました（もう、無理して、って言っちゃってるよ）。捨てたら負けになると思い、涙目で完食します。

だって「食べたかったんだ」から。「食べたかったものが出てきたんだから」。吐きそうだけど。

スターバックスで「カプチーノ」を注文したら「カップ・ティー」が出てきた際にも、もちろん動じない。

そういえば、お茶が飲みたかった頃だなぁと思い込む。日本では注文したこともない、ただのあったかいお紅茶をいただきました。

紙ナプキンが欲しくて「ペーパー！」と頼んだら「ペッパー」が出てきたときも同様。店員に驚愕の顔で見られても、ホットドッグにコショウをかけて食べてみる。

バニラアイスを頼んで、バナナアイスが出てきたときも「バニラなんて食べたくなかったし！」と自分に言い聞かせます。大好きだけど（涙）。

心が折れる前に〝これも経験だ〟と自分に言い聞かせる。

生活や仕事で受けるダメージを、自分のなかでロールプレイングゲームに変換していくことを覚え始めた頃でした。

英語のベースを作ってくれた世界各国の仲間たち

そんな苦戦続きでもどこか楽しめていたのは、渡米してすぐにできた世界各国の友達のおかげでもありました。

渡米後すぐに、僕は、ある語学学校へいったん入学します。

勉強をしにこの国に渡ってきたわけではないけれど、ビザの存在すら知らなかった僕は、知り合いのアドバイス通り「少しでも長く、合法的に滞在する」ため、F－1（学生ビザ）をとりあえず取得しました。

学校に籍を置いている限り、合法的にこの街に滞在できる。その間にチャンスを掴もう、くらいに思っていました。

ところが……ニューヨークに到着した夜、ワールド・トレード・センターすぐ隣のドミトリー（学生寮）に入寮してから、契約期間終了までの半年間、今振り返ってもほとんど記憶がありません。

楽しすぎたから。12歳のときから15年以上憧れ続けた街は嬉しすぎて、水が合いすぎて、当初の目的なんて忘れてしまうほど遊びまくりました。思えば、日本で大学在籍中にひと回り年上の女性と結婚し、学生生活を4ヶ月でやめた僕には「遅れてきたキャンパスライフ」だったのかもしれません。しかも時期的にその語学学校に集まっているのは「せっかくだから、21世紀を世界の中心で迎えよう♪」といったノリの世界各国のお調子モノ選抜チーム。サンクスギビング、クリスマス、ニューイヤー……とイベントが続いたこともあり、寮に住むブラジル人、スイス人、トルコ人、中国人、ロシア人たちと毎日、朝から晩まで騒ぎました。

毎晩違う部屋で、文化も言語も違う仲間とザコ寝する生活は、世界に対する意識と距離感をぐっと縮めてくれました。人種や国籍なんて、関係ないのだと。

世界の人と友達になるのに、英語はさほど重要ではない

特に同室だったブラジル人のネルソンとは年が近いこともあり、兄弟のように毎日一緒でした。入室当初、僕が日本から持参したトレーニング専門誌を、日本語の

まったく読めないネルソンが目にしてしまいました。ムキムキ半裸の男性がポーズをとるその表紙から、完全に僕が〝そっち〟だと思い込み、しばらくの間、夜に僕が寝返りを打つたび、身構えていたそうだけど。

スマホも普及していない当時、部屋の共有の電話にかかってきた寮仲間からの「ネルソンをキッドナップ（誘拐）した、返して欲しくば……」というイタズラ電話に、まったく英語が聞き取れなかった僕は、とりあえず犯人の要求をひととおり聞いた後「OK! Have a nice day!（ごきげんよう）」と笑顔で切って、あとでネルソン本人に「見捨てただろ」と涙目で詰め寄られたり。

そこがＬＧＢＴＱ（性的マイノリティー）御用達のクラブとも知らされず、連中に連れて行かれた僕はもう少しでドイツ人のおじさんに買われそうになったり。「いくら？」と聞かれ、手にしていた紙ナプキンのことだと思い、満面の笑顔で「Free!!」と答えたり（Wow! you like me! と言われても、今会ったばかりのハゲのおっさんを好きも嫌いもなく、ホロ酔い気分の僕は「Sure! I like you!」とウインクしながら答えたり）。

今振り返れば、英語もロクにしゃべれないのに、来る日も来る日も、よくも連中と一緒にいられたなと思います。でも、よくよく考えると、彼らも英語学校に通う外国人。彼らの英語も、第2外国語としての英語です。僕ほどではないにしても、レベルはそうは変わらないわけで、寮仲間の彼らとのコミュニケーションで困った記憶はありませんでした。

「アメリカ人とビジネスをする」のに英語は必要だとしても、「世界と友達になる」のに、そこまで重要ではないということを、彼らのおかげで知ることができました。学校の授業よりも、彼らと遊びまくるなかで、僕の英語はベースができていきます。〝上達する〟という意識すら忘れるほど、楽しんでいれば、いつの間にか、話せるようになっていました。

明日が来るとは限らない、と知った日

とはいえ、ビジネスに必要な英語力にはほど遠いレベル。当初の「ニューヨークでジャーナリスト」という目的に、まだ一歩も具体的に踏み出せていないまま、渡米前に妻と約束した「半年間」はあっという間に過ぎてしまいました。

あまりにも楽しく、刺激的で、バカ丸出しの日々は、「もう、このままでいいかなぁ」とすら思ってしまうほどでした。そんな何も前進していない日々を繰り返していた、秋晴れのある朝。日本時間の夜に、国際電話がかかってきます。「今日、離婚届提出してきたから」。そう言う彼女に、「ありがとう」としか言えませんでした。結果、すべてこちらの希望を飲んでくれた。

申し訳なかった、という気持ちを伝えようとした、その瞬間。

ドーン！　という地震のような衝撃音が、部屋の窓を揺らしました。でも、こっちは離婚話のまっ最中。地震なんかに構っているわけにはいかず、「幸せになってほしい。もう二度と会うことはないけれど」と、まるでドラマの主人公のようにカッコつけて電話を切りました。

直後、また彼女から電話がかかってきます。つい今しがた、せっかくドラマのようなキザなセリフで別れたはずなのに、10分もしないうちに、またかけてくるか、普通？「なんだ、そりゃ！」とツッコもうしたところ、受話器の向こうから「テレビつけて！」と叫んでいます。

わけもわからずつけたテレビから映し出されたのは、僕のいる寮から数ブロック先、その距離５００メートルもない、ワールド・トレード・センターの２棟目に飛行機が突っ込んだ瞬間でした。さっきの地震のような衝撃音は、１棟目に激突したときの音でした。

2001年9月11日。世界を揺るがすアメリカ同時多発テロの瞬間でした。

そんな歴史的大事件と個人史を並べるつもりもないけれど、僕自身にとっても離婚が成立した日でもありました。


ワールド・トレード・センターが建設されたのは僕が生まれた1973年。昨日まで目の前に見えていた同い年の世界一有名なビルが、一瞬で瓦礫《がれき》になってしまった。「明日があるとは限らない」。それを文字通り体感したことは、当初の渡米目的をイヤでも思い起こさせてくれることになりました。


あの日から、ニューヨークは、アメリカは、世界は変わりました。

そして僕自身も。

潮目を読んでいたら、いつまでも動けない！

専門学校の講師を辞めて、渡米のその日までアルバイト生活をしていたとき、梅田の紀伊國屋書店で二冊の本に出合いました。どちらも留学斡旋《あっせん》会社が出している

「海外で働こう」的なタイトルのムック本です。どちらの本にも、当時海外で成功している人を紹介しているページがあり、それぞれに掲載されていた二人の男性の記事に目がとまりました。二人とも僕レベルの学歴で、同じように学生時代はヤンチャをしていて、今ではニューヨークで出版社を経営していました。

勝手に運命を感じた僕は、この二人にどうしても会いたい、会わなきゃいけないと思い込み、この2冊だけを渡米する機内に持ち込みます。

同時多発テロの翌日、その二人が経営する出版社宛に履歴書を送りました。当時はＦＡＸでの送信です。

一社からは音沙汰なし。そのときは学生ビザが切れている状態だったので、履歴書を送付すること自体がおかしい身分。書類選考の時点で落とされて当然だったことは、経営者になった今ならわかります。

もう一社からは「面接をします」との返答。ムック本に顔写真が出ていた社長本人が面接をしてくれました。ビザも持っていない身分での採用は、給与を支払わなくていい無給のインターンとして雇えたからだと思います。

テロ直後のニューヨーク、街はパニックに包まれ、出版社ならなおさら、ニュースに追われていたのは想像がつきます。でもあのとき、「事態が落ち着いてから履歴書を出そう」と躊躇《ちゅうちょ》しなくてよかったと今は振り返ります。会社組織なら時代の流れや情勢を見ることも大切だけど、一個人が行動するのにタイミングなんて読んでいたら、結局いつまで経っても動き出せないからです。

打ちのめされ続ける日々

その日から僕は、世界各国の友達とハシャぐ日々を卒業し、日中は給与なしで、出版社の広告営業をゼロから学び、夜はイーストビレッジの日本食レストランでアルバイトをして生活費をつなぎました。深夜にアルバイトが終わると、韓国系の不動産屋に「通勤圏内」と騙されて借りたブルックリンの最果ての地にあるアパートまで帰宅し、仮眠をとってまたマンハッタンに通勤する日々。

渡米前、旅行会社の人に散々「夜の10時以降は地下鉄に乗らないこと」「地下鉄車内では居眠りをしないこと」と注意されていたにもかかわらず、真夜中の地下鉄車内でバッグを枕に本格的な睡眠をとる生活サイクル。終点である自宅最寄り駅で駅員に起こされ、よだれを拭きつつ、全米最古の観覧車を寝ぼけ眼で車内から見つめる朝――。

今でこそ、日本のオシャレな雑誌に「ブルックリンスタイル」などともてはやされている街ですが、当時はまだまだ治安が悪く、何もないエリアでした。それこそマンハッタンから一番遠いニューヨーク。

あまりにも要領と頭の悪い生活スタイルだったため、寝る時間もなかったけれど、すでに何かを「始められている」という事実は、クタクタの身体さえ嬉しいと思わせてくれました。

とはいうものの、肝心の日中の仕事は、苦痛じゃない時間は片時も存在しなかったほど。営業相手はもちろん日本人だけじゃなく世界各国から来ているニューヨーカーたち。英語もまったくしゃべれず、彼らの文化も習慣も知らない僕は、日々打ちのめされました。

いや、打ちのめされるなら、まだいい。

打ちのめされもしない。相手にもならない。手も足も出ない。話にならない、という状態です。契約が取れる、取れない以前に、相手の言っていることが「YES」なのか「NO」なのかも聞き取れない。でもなぜか、罵られ、嘲笑される英語だけは、しっかり聞き取れる。

これ以上ないほど自分の無力さを突きつけられる日々でした。

針の穴ほどの風穴でも、イジってりゃ大きくなる

そんなとき、僕はまた、ある「解決策」を見つけ出します。見つけたというより、それ以外の方法がなかった。

自分の無力さに打ちのめされたときの、抜本的唯一最大最強の解決策。

それは、考えずにもう、動く、こと。

作戦なんて何も立てられるわけがない。綿密な計画を立てたところで、言葉も習慣も思考も違う相手に通用するわけがない。

だったら、実際に体を動かして、彼らにぶつかり続けてみよう。回数重ねてぶつかってりゃ、壁ごと壊れてくれるかもしれない。……それが結論でした。

その日から、とにかく誰よりもアポイントを取り、誰よりもニューヨーカーたちに体当たりしていきます。イメージとしては、本当に相手に肉体ごとぶつかってい

く感じ。そんな前のめりな日々が始まります。

「君の英語はビジネスレベルじゃない！」とドイツ人弁護士にドアをピシャリと閉められたことも、「ごめんなさいね、あなたの言っていること、何ひとつ理解できないわ」とシンガポール人の女医さんに優しく諭されたこともありました。

閉められたドアの前で、失望と恥ずかしさを日に何度も味わわされました。こんなことをするために、ニューヨークに来たんだっけ？　そう落ち込むだけ落ち込んだら、あとは開き直りが待っていました。

ドアの前に立ち尽くしている今の自分を、誰も見ていない。

この失望も恥ずかしさも、僕を除いて、世界中の誰も知らない。僕を除いて、世界中の誰も傷ついていない。ということは、受け取る側の自分さえ耐性をつければ、問題ないんじゃないのか。

そう。失望も恥ずかしさを感じるのも、他人ではなく自分なのだから、いちいち恥ずかしがる時間も、いちいち心のケアをする時間も、もったいない。いちいち僕は僕の機嫌なんて取っていられない。

「落ち込んでいる間に次に行こう！」、そう思えるようになっていきました。

そうしているうち、なかには辛抱強く僕のカタコト英語に付き合ってくれるクライアントも出てきます。

某大手航空会社のＣＥＯが、「言っていることは、なんとなくわかる。必死な君に賭けてみよう」と年間の大型契約をくれたことが、ひとつのきっかけになりました。

「不自由な言語を駆使して、なんとか相手から契約を引き出す」というお題のゲームを楽しめる感覚になった、そのきっかけに。

針の穴ほどの風穴でも、イジってりゃそのうち大きくなる。

格闘しているその真っ最中はわからなくても、気づけば大きな風穴が見えてくる。

自分自身を疑え！

ここ数年、日本出張のたびに、必ずと言っていいほど耳に入ってくるのは、「ポジティブ」で「温かい」言葉ばかりです。

先日、関西エリアで行ったセミナーでも、コラボ企画として一緒に登壇した講師の方が、「ポジティブシンキング」を若い参加者たちに力説されていらっしゃいました。この様子だときっと日本は学校でも職場でもあらゆる場所、あらゆるシチュエーションで頻繁に使用されている言葉なんだろうなぁと想像できます。

僕自身、長期的な意味で人はポジティブであるべきだと、前述しました。でも、短期的な日常生活のなかでは、むしろ「ネガティブ」くらいでちょうどいいんじゃないかな、と実は思っています。もっと「自分を疑って」「自分を粗末に扱う」べきだ、と。

自分を大切にしなかったからこそ、僕はニューヨーカーたちに体当たりすることができた。

あれから20年経った今だって、たとえば全広告クライアントにいきなりソッポを向かれたらと想像して不安になることがある。日本での講演会で、壇上に上がると観客がゼロだった夢を見て飛び起きることもある。だから必死で営業して、必死で集客する。日本のラジオの出演オファーに、時差ボケで厳しいなと思っても、僕なんかに声がかかるのは奇跡のようなものだと思い直し、真夜中にテンション上げて国際電話でしゃべっている。

自分を信じて――。英語だと「Believe in yourself」かな。
自分を大切に――。英語だと「Love yourself」かな。

わがままで個人主義なニューヨーカーたちは、言われなくてもとっくにBelieve in myselfで、Love myselfなのか、この街だとそう耳にしません。

もちろんのこと、たとえば、自身や身内に病気や負債を抱えている方、不登校や引きこもりなど問題を抱えている子どもたち、そして、人の力ではどうすることもできなかった自然災害で被災された方々は言わずもがな、絶対に自分を信じて、自分を大切にしてほしい。ポジティブな気持ちを持ち続けてほしいと思います。

ただ、今の日本を見ていると、完全に健康体で、経済的に差し迫った状態でもない若い世代の多くが、これらのフレーズを免罪符のごとく切り札にしている状況が目につき、違和感を覚えるのもまた事実なんです。

自分を大切にしすぎるな!

前述のセミナーで、参加者のひとりの大学生が挙手して自分の気持ちを話してくれたときのことでした。

彼はカメラ店でアルバイトをしつつ、将来の夢はバンドマンとしての成功だと言います。飲み会で遅くなった翌朝、起きられなかった彼はバイト先に連絡も入れず、スッぽかしてしまった。

「でも、後悔してないんです。バイトが本当にやりたかったことかって自問自答したときに魂が震えなかったんです。僕は僕を信じているので、今、無駄なことに時間を使いたくない。これからは自分の魂が震えることだけをやり続けたいんです……」。そして最後にこう付け加えました。「魂が震えていたら、起きられたと思うんです」

「？？？」……いや、おまえ、眠くてバイト、サボっただけだろ。

つい笑ってしまった僕は、その会場で「ティーンズの僕たちの葛藤を理解してくれない、つまらない大人」になっていました。完全に悪役（笑）。

だけど、バイトをサボったことと、魂と何か関係があるのか。

朝、起きられなかったことは、人生を無駄にしてないのか。

このエピソードのもっとも怖いところは、同席の講師はもちろんのこと、会場の誰ひとりとして笑ってなく、むしろウン、ウンと頷いている人が圧倒的多数だったことです。ワードに起こせば、小学生でもわかるスットンキョウな理屈が、涙目で思いつめたような言い方と、その場の空気で、「ちょっといい話」になってしまう。

自分を大切にしすぎた結果、なんでも自己正当化ができてしまう。いちいち魂が震えないと朝起きられないヤツにチャンスは巡ってこないはずなのに。

グーはチョキに勝ち、パーはチョキに負ける

長い社長業のなかで、かつて1人だけ解雇した社員がいます。

基本、僕は社員もインターンも切りません。その彼が「体調不良」と偽って彼女とフロリダ旅行に行ったのがバレたときも爆笑しただけでした。彼は営業成績が毎月ほぼゼロだったけれど、そのことですら解雇対象にはならなかった。

ただ、彼がゼロの理由を「自分、不器用な人間なので、他の社員のように、客に合わせてコロコロ自分を曲げれないっす、まっすぐな男なので……」と遠い目をしたときに、クビにしました。彼のために。

業績を上げられなかったことは、どうでもいい。でも、実際は彼も「客に合わせてコロコロ曲げて」いた。その事実を歪曲してまで、負けた自分をカッコよく定義する方法を覚えてしまっていた。そのうえ、他の成績優秀な人間を「まっすぐな人間じゃない」と否定したことになる。そんなつもりで言ったんじゃないと彼が言ってもそれは通らない。僕はそれだけは許せませんでした。

解雇というわかりやすい引導を渡さないと、彼はこの先、また負ける。負けてもいいけど、必死に努力することすら放棄する、と思ったからです。

日本は今、社会全体を覆う、なんでもかんでも「ポジティブシンキング」や「自分を大切に」という空気が、逃げたことすら正当化してくれるように感じます。負けたことすら美化してしまう。本人たちもそうとは気づかずに。

挑戦しようと思っていた試験も、勤めかけた会社も「自分を大切にして」逃げることもできるし、「自分を信じて」さえいれば簡単にギブアップする口実にもなるように思えます。しかも、それらのフレーズを使えば、社会も割とあたたかい目で見てくれるかもしれない。

ニューヨークで暮らして一番よかったことは、「グーはチョキに勝って、チョキはパーに勝って、グーはパーに負ける」という当たり前の不文律がいまだ生きているということでした。負けは負けで、勝ちは勝ち。これ以上なくシンプルです。

負けを認めよう！

世界中のあらゆる習慣、文化、価値観が持ち寄られ成り立っているニューヨークでは、日本のように微妙なニュアンスの言葉で構築される感動話だけでは逃げ切れません。

行動で証明するしかない。誰が見てもわかる体現方法でしか通用しない。

だからニューヨーカーは、行動する。

感動的なセリフで物事の本質から目を背けるのは、もうやめよう。

「逃げ」や「負け」をウヤムヤにしたら、次も逃げるし、また負ける。朝、起きられなかった自分に後悔していないと無理やり自分を納得させるよりも、「あ〜あ、二度寝しちゃった、ダメだなオレ、明日からまた頑張ろう！」、じゃダメなのか。成績が上がらなかった自分を「昔カタギの実直な人間」と言い聞かせて、自分を安心させるよりも、「今回負けちゃって、悔しいから次は勝とう！」でいいじゃないか。

いったん負けを認めて、また行動すればいい。

なんでもかんでもポジティブか！

これまで新聞社の編集長として１０００人以上の日米のトップに直接インタビューして感じたのは、意外にも、彼らは軒並みネガティブだったということでした。

Ｋ－１史上最強最高のスーパースター、魔裟斗《まさと》選手は現役時代、リングに上がる前はいつも震えていたと言います。自分より強いかもしれない世界ランカーとこれから、大観衆の前で殴り合う。

「このまま興行を中止して帰れるなら、いくらでもお金を出していいと毎回思っていました」と笑いました。

紅白のトリを何度も務めた、日本芸能界の大御所、和田アキ子さんは、どんな田舎の地方コンサートであっても、ステージ前は手が震えて水の入ったグラスを持てず、グラスにはストローをさしてあると教えてくれました。

ニューヨークで活躍する世界的ジャズピアニストの上原ひろみさんは、未だに「演奏間違えた！」という夢を見て、夜中に飛び起きることがあるそうです。

今は亡き、世界的演劇演出家の蜷川幸雄さんは、公演前夜はいつも「今度こそ、お払い箱になるんじゃないか」と不安で熟睡できたことがなく、「もう寝ることを諦めたよ」と、笑いながら答えてくれました。

……と同時に、彼らは異口同音に最後、こうも付け加えます。

「でも、(最終的には) 自分はなんとかするんだろうけれど」、と。

「でも、結局リングに上がっちゃえば、勝つことしか考えてないんですけどね」

「でも、歌い始めたら、歌手でよかったと思えるほど、ステージ上では楽しいんです」

「でも、演奏し始めたら、誰より楽しんでいる自分を知っているから」

「でも、幕さえ上がりゃあ、あとは観客も満足してくれるだろうって確信には変わるんだけどさ」

ギリギリの勝負をしていたら、のんきに「ポジティブ、ポジティブ」なんて言ってられない。日々、自分を疑って行動して、戦って手に入れた本物の自信は、そんな口癖だけでは、手に入らない。

もちろん、引き寄せの法則的な習慣を否定するつもりはまったくありません。言霊は実在するだろうし、実際に効果もあると思っています。

でも、それらの言葉を逃げに使っていると気づくことがあるなら、たまには自分を疑ってみよう。自分を粗末に扱ってみよう。

ネガティブシンキングを、そう悪者にしなくていい。

（短期的）ネガティブシンキングのすすめ

僕も、長い人生においては、自分を信じています。でも、日常生活においては、こんなヤツ、まったく信じていません。

すぐにサボろうとするし、すぐに逃げようとする。

こんなヤツ信じられるわけがない。大切になんかしちゃったら、つけ上がる。誰でもなく自分がそう思うのだから間違いない。

「おまえのことだから、またラクなほうに行こうとしてるんだろ」

「おまえのことだから、また上手いこと言って、誤魔化そうとしてるんだろ」

日常では、いつだって頭っから疑ってかかるようにしています。できうる限り、自分を粗末に扱うよう心がけています。

何をやっても続かなかった大阪時代。「ただの飽き性なんじゃないか。憧れの地、ニューヨークを、逃げる口実にしているだけなんじゃないか」。いつの日か自分をそう疑い出していました。

だから、自分に証明するしかなかった。

自分を疑ったから、そうじゃないと証明するために、行動できた。

自分を大切にしなかったからこそ、負けるかもしれない勝負にだって打って出ることができたんだと思います。

ニューヨーク在住の世界的ピアニスト、秋吉敏子さんは１９２９年生まれ。26歳のときに、単身渡米。日本人初の、バークリー音楽院の奨学生となってアメリカで夢を掴んだアーティストです。

時代は、１９５０年代。しかも、女性。計り知れない苦労と努力がその裏にはあったはず。

秋吉さんの、渡米60周年を目前にした頃、彼女の自宅で取材させてもらいました。リビングの中央には、いわく「長年の相棒」のグランドピアノが置かれていました。

天才的ピアニストと呼ばれることについて触れると彼女は「ヤメてよ！　天才なんてつまんない言葉で片づけないで」と笑いました。

「いまこの歳になっても、私はここで、毎日5時間はピアノを弾いています。こう見えて、結構、努力家なのよ（笑）。元々の才能なんて人間だいたいおんなじ。あとはどれだけ苦しんで、どれだけ自分を追い詰めることができるかだけ。そうしないと自分がどこまでいけるかわかんないじゃない？　それって自分に親切じゃないわよね」

自分に親切にする、ということは、自分を追い詰めて、粗末に扱って、必死に戦って、どこまでやれるか自分にわからせてやること。ニューヨークのジャズの聖地、バードランドに殿堂入りした伝説的ピアニストに「自分を大切にする」という本当の意味の、答え合わせをしてもらった気がしました。

それ以降、僕は、「今のあなたのままでいい」というようなあったかいキャッチコピーに心が揺れるたび、でも秋吉さんならなんて言うんだろうな、と思い返すようにしています。

そして、また、やっぱり走ろうと思い直す。

ギリギリのところで、〝できない〟目標を立ててみる

もちろん僕自身、過去を振り返る余裕があるほどの成功者では決してありません。

今、あなたがこの本を読んでくれているときも、365日が、生き馬の目を抜く

街で、勝負の日々です。

充実しているとはいえ、同時に売上目標の達成や同業他社とのせめぎ合い、理不尽なクレームやトラブルのことを考えると「今すぐ逃げ出したい、解放されたい」――そう思わない日はありません。

事業計画を作る際も、ギリギリ〝できる〟くらいの目標設定にしとこうかな、なんて考えがよぎることだって、ある。


でも、日々戦っているニューヨーカーたちの姿や、インタビューで出会う、トップの人たちの言葉を毎日目の当たりにし、聞いている僕は、ギリギリ〝できない〟目標に設定し直すようにしています。ちょっと無理かもな……くらいの高さまでハードルを上げる。


その目安は、震えがくるくらい緊張するかどうか。それくらいじゃないと、元来、〝怠け者〟の僕はいいパフォーマンスができない。自分を信じていないからこそ、崖っぷちに追い込む。

温かく優しい言葉に癒されたら、少しだけ自問してみよう。このまま、何もないまま、人生が終わってもいいのか、と。

もし7年半後に死ぬとしたなら……と。

いつも僕はそう想定しています（たまたま今までの人生がいつも7年半周期のサイクルで区切られてたからだけなんだけど）。

「明日死ぬとしたら」だとリアルには思い込めない。でも、7年半後なら何が起きても不思議じゃない。

そうすると、今やりたいこと、やるべきことが見えてきて、動き出せる。

だから、これからも僕は日々、自分を疑って、疑って、疑い続けるつもりです。

で、自分が死ぬときに「なぁーんだ、もちょっと、信じてやってよかったんじゃん」と、笑って最期を迎えたい。

自分を信じる前に、仕組み作りを

そもそも僕が自分を疑ってかかる理由のひとつは、人間、どんな決心よりも気分が勝っちゃうからです。少なくともダメ人間の僕はそうです。

決意新たにヤル気になっても、多分、人間はそのときの気分に負ける。今日は大丈夫でも、明日の朝の僕を僕は信じるわけにはいかない。もしかしたら二日酔いかもしれないし、風邪をひいているかもしれない。

だから、気分に左右されないよう、最低限の仕組み作りをしています。

たとえば、日々のエクササイズ。ニューヨーカーの、特にビジネスマンは、ジム通いやジョギング、ヨガや瞑想などで心身ともリセットすることを習慣にしています。健康のためというより、どちらかというとビジネスシーンで１００％のパフォーマンスを引き出すため、というようにも見えます。

僕も、週2回、パーソナルトレーナーに会社まで来てもらっています。出張トレーニングはもちろん割高。でもジムに通っていたときは何かにつけて、ちょくちょくサボっていたのを覚えているから、そんな自分を〝信じる〟わけにはいかない。

ユーレイ会員になるよりコスパはいい。だいたいジムをサボる理由なんて、いくらでも挙げられます。それでも行くとなると、僕の場合は、いつだっていちいち〝決心〟をして精神力を浪費してしまっていました。世の中のほとんどのジムの経営がユーレイ会員に支えられているという事実を考えると、僕だけではなく、ジムはサボりがちになるものだと思っておいたほうがいい。入会時のやる気満々の自分がその後もずっと続くなんて〝信じ〟ないほうがいい。

火曜日と金曜日の夕方、こちらの予定や気分や都合に関係なく、トレーナーのケンタロウとサユリちゃんは交互に当たり前のような顔でオフィスに来ます（そりゃそうだ、契約したんだから）。来ちゃったからには、めんどくせえなと思っても、トレーニングウエアに着替えるしかない。「今日、オレ寝不足でさ……」と言ったところで「いいから、やりますよ」と聞いちゃくれない。

不思議なもので、人間やり始めたら4分で必死になる。毎回「以前の通いだったら、絶対、今日はサボってたな」と思いながら腹筋しています。

時間がもったいないと思うものから、こだわりを捨てる

人間の1日の精神力は、多分有限です。僕の場合、その都度〝やる気〟を出そう

とすると、それだけ削られる。

スタートする段階では、何も考えずに始められることが理想。毎朝、歯を磨くように。当たり前のように。

朝、服を選ぶ時間がもったいないと、あのスティーブ・ジョブズが毎日同じ格好をしていたのは有名な話ですが、僕自身もそこに時間や判断力を使うのは無駄に思えてやめました。そのときからジャケットはネイビー、シャツは白かブルーだけ。フォーマルなシュチュエーションじゃない限り、ノーネクタイ。もう、それがユニフォーム。店も同じで、バーニーズニューヨークに行けば、生地も色もデータとしてストックされているので、「いつもの」とオーダーしてサイズを測るだけ。

服以外の身に着けるものも、すべてここ数年変わっていません。靴はクロケット&ジョーンズの黒か茶のストレートチップ。財布はバリーの赤いライン。ほぼブランドで固めているじゃないか、とツッコまれそうですが、オシャレだからじゃない。すり減ったり、なくなったりしたときに、またすぐに入手可能の定番品だから、というそれだけの理由です。

昼食もランチミーティングが入っていなければ、ニューヨーク日系社会御用達のデリバリー弁当、BenOn（ニューヨークだからって、いつもエッグ・ベネティクトなんて食べていられない)。夕食はほぼ、クライアントか社員と外食なので、お店はすべて相手まかせ。オイスター(牡蠣)じゃなければ、どこでもOK。選ぶ時間すら、もったいない。

たまたま僕はファッションや食に対して、ほとんどこだわりがないだけで、こればかりは人によって価値観はバラバラ。なのでこの選び方は、みなさん全員の参考にはならないと思います。

ただ、最も大切な夢や仕事にエネルギーを回すため、自分にとって重要でないことはオートマティックにしたほうがいい、時間をかけないほうがいい、という話です。

日常にオートマティック機能を

夢も仕事も、どれだけ「オートマティック機能」を増やせるかにかかっている。であれば、「自分を信じて!」と言い聞かす前に、気分に左右されない仕組みを作っちゃおうということです。

ついでに、僕の他の「気分リセット法」をここで紹介すると、ひとつは「書店」に行くこと。

本は買っても買わなくてもいい。日系、米系にかかわらず、書店に入るだけでなぜかリフレッシュできます。コツはなるべく普段読まないジャンルの棚に寄ってみること。天文学、ファッション、競馬、宗教、歌舞伎など。それらはあえて手にとらないと、一生目にしない情報です。まったく自分とは無関係だと思える本に、自分が求めていた言葉を不意に見つけることもあったりするので、ネット書店よりも、実際に本屋に行くほうがモチベーションは上がります。意外とヒントになるだけでなく、パラパラめくるだけでなぜか今の現状を頑張ろうと思えます。〝俺は自分の本業を極めよう〟と。

もうひとつは、みりん（愛犬、雑種、8歳）の散歩。どんなに忙しくても、基本、僕がするようにしています。

歩きながらだと、机に向かってじっとしているよりも、自然に次の事業計画、原稿がどんどん浮かんできます。ホテルに缶詰になって無理やり絞り出したアイデアは、何かとってつけたような実用的でないものが多い。動いているときに自然と浮かんでくるアイデアのほうが、ずっと自分っぽい気がします。

あとは、シャワー。頭のなかに散らかったアイデアがまとまっていきます。なので、〝キレイ好き〟でもないくせにシャワーを浴びる回数だけは異常に多い。熱めのシャワーを日に何度も浴びます。

今、羅列してみて気がつきました。どれもほぼ、コストゼロ（笑）。これ以上ないほど安上がり。パフォーマンスを上げる工夫に、お金はいらない。

4分間スタートダッシュ法のすすめ

それでも、どうしても、やる気が出ないとき、気分が落ち込んだときはどうするのか。僕の場合は、リセットしないです。そのままにする。放っておきます。程度によるけれども、まず気分なんて簡単に回復できない。もがくほうがシンドイ気がします。

そんなときこそ、僕はそのまま仕事をします。少し荒療治かもしれないけれど、自分の気持ちを無視して、とりあえずそのまま仕事に取りかかる。

気分が乗らない日も、もちろん本業の新聞製作や、執筆している「まぐまぐ！」メルマガも、毎週締め切りは容赦なくやってきます。営業や打ち合わせも日々、何本もある。その都度「よし！　やろう！」とモチベーションを上げ続けるのは逆に浪費しちゃう。

打ち合わせなら、全然、気持ちが乗ってない状態のままでも、顔だけ作って席に座る。原稿執筆なら、とりあえずキーボードを打ち始める。

その際、腕時計を見て、とりあえず4分間だけやってみるようにしています。4分間続けられれば、バカな僕は僕に騙されていつの間にかヤル気になっている。

スタート時には、なるべくモチベーションは使わない。体だけセットする。あとは、やっていくうちに自然と作業は進んでいきます。

「行動」し始めるのに、実は気分は無視していい。

第3章

打席に立ち続けろ!

HIT AND MISS,
BUT KEEP TRYING!

僕たち一般人は、安打数という結果

だけを出せばいい。

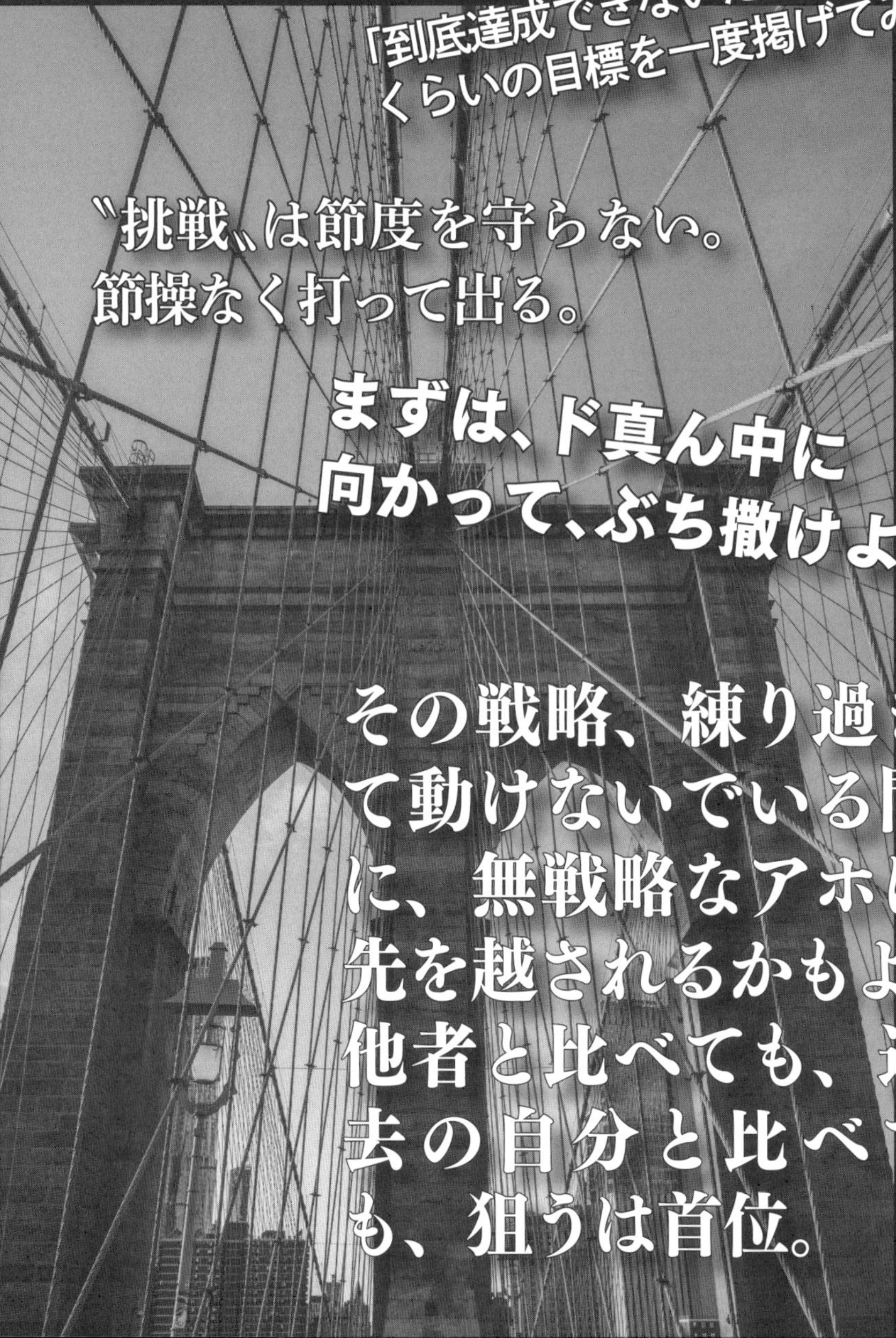

「到底達成できないだろうな」
くらいの目標を一度掲げてみる

〝挑戦〟は節度を守らない。
節操なく打って出る。

**まずは、ド真ん中に
向かって、ぶち撒けよう**

その戦略、練り過ぎて動けないでいる間に、無戦略なアホに先を越されるかもよ。

他者と比べても、過去の自分と比べても、狙うは首位。

求められるのは〝打率〟ではなく〝安打数〟

英語に悪戦苦闘しながらも、ニューヨーカーに体当たりで営業する日々を過ごしていたある日、圧倒的な事実に気がつく出来事がありました。

それは、自分をラクにさせる、とんでもなく有利な方法でもありました。

プライベートでヤンキースタジアムに観戦に行ったときのことです。渡米前、ニューヨーク行きの航空チケットを旅行代理店で購入したその帰り道、梅田の歩道橋の上で、「イチロー、メジャーリーグ行き決定!」の号外が配られていました。同い年の国民的スーパースターが確固たる日本での地位を捨て、本場メジャーリーグに挑戦することをそのタイミングで知り、勝手に運命を感じたのでした(天と地の差でも意識するだけならタダです)。

イチロー選手は、僕と同世代の多くの男性がそうであるように、僕にとっても特別な存在でした。

その日は、イチロー選手の、その年初めてのニューヨークでの試合。1年目からMVPを獲るなど、すでにメジャーで歴史的な成功を収めている彼が、目の前で打席に入るのを見ながら、でも、どれだけのプレッシャーなのだろうと、勝手に脳内で自分が打席に入っているところを想像してみます。数万人の観衆のなか、次の一打で、チームの勝敗、そして自身の打率が大きく変わる……。

ダメだ、僕のような凡人には到底理解できないプレッシャー。バーチャルの段階で逃げ出したくなります。

そのとき、彼は「打率」を求められているという事実に気づかされます。

つまり、実績数だけでなく、あくまでパーセンテージを測られているということに。何打席のうちに、何本のヒットを打ったか。イチロー選手に限らず、プロのスポーツ選手に求められているものは、有限の機会のなかで、どれだけの割合で結果を出せるかという、あくまで〝率〟です。

対する僕たち一般人は、安打数という結果だけを出せばいい。

ヒットを量産するために、何回打席に立っても許される。有名人でもない限り、〝率〟を申告する必要がない。

そう悟った瞬間、何かが変わりました。
それなら、できる。

挑戦者ならば、節度を守るな！

出すべき結果は、打率ではなく、安打数。

そのときの僕に当てはめるのならば、営業先に何軒だって飛び込んでもいい。コストもかからない。企画書だって、10枚、20枚、いや、１００枚だって提出しちゃいけないルールはない。

１枚目で通るよりも、むしろ精度は上がっている。

３度目に成功するなら、２度の必然な失敗はとっとと終わらせたほうがいい。

知り合いのハンガリー人ミッシェルは、ニューヨークで行政書士の資格試験を、14回も受けてやっと合格したそうです。それを隠すどころか、「13回失敗しても諦めなかったのよ」と彼女はむしろドヤ顔でした。

日本だと、挑戦それ自体を美談にしてしまう傾向にあるから、特別なものだと思いすぎてしまい、踏み出す一歩が重くなる。

〝挑戦〟は節度を守らない。節操なく打って出る。

〝率〟を申告しない限り、打席は多いほうがいいに決まっている。


イチロー選手からそう学んだその日から、成約率でなく、訪問数を意識しました。

「誰もおまえの打席数なんかに注目しねえよ」。今でも日々、自分で自分に言い聞かせています。

入社1ヶ月目の新人がトップを取れる理由

その日暮らしの大阪時代、個人宅に外壁リフォームを勧める飛び込み営業の仕事をやっていた時期がありました。

そのときの経験から、今ニューヨークでも、新人の営業社員には、入社初月から、いきなり飛び込み営業をさせます。のきなみ一軒、一軒、とにかくローラー方式でお店に入って行かせる。そこがメキシコ料理店だろうが、韓国マッサージ屋だろうが、イギリス人経営のゴルフショップだろうが、まずは飛び込みをさせます。

合理的であることが優先される今の時代、ひょっとすると効率が悪いと、特に日本の人には、批判されるやり方かもしれません。

ただ日本と違って、世界各国のクライアントのプロモーション戦略の嗜好は測れない。信用できるデータもありません。

結局、想像で戦略を練る前に、当のクライアントに直接、聞いてみるのが一番手っ取り早かったりします。直に行くこと。顔をつき合わせること。この街では実はこれが、一番効率がいい。

すると、どうなるか。

たとえば1月に入社した新人は、1月の会社全体の最高売上を獲ってくる。2月は、2月の新入社員が1位を獲る。3月は、3月の入社社員が首位。何も知らないはずの新入社員が、毎月その月のトップになるという現象が起きます。これは大阪での外壁営業でも同じでした。

先月の新入社員が、翌月以降サボっているわけではありません。1ヶ月目ほどの緊張感はないにしても、当たる軒数自体が減っているわけではない。

では、なぜそんなことが起きるのか。

理由はすぐに判明しました。翌月目以降、少し市場に慣れてしまった彼らは、飛び込み先のお店を「選んで」しまっていた。

何もわかっていなかった1ヶ月目は、お店を見ないまま、とりあえず機械的にドアを開けて飛び込んで入って行きました。結果、「うちは日本人の顧客なんていらないよ！」と追い払われたり、「大手チェーン店のうちに来ても広告決裁権なんてないよ！」と無視されたりすることも確かにあった。

その経験があるから、翌月から効率を考えて、飛び込む前にお店の外観で勝手に想像してしまう。「ここは支店だから、決裁権はない。入っても無駄だ」とか、「観光客が多いエリアだから、現地の客をあてにしてないな。入る必要ない」とか。

そして、勝手に「おいしそう（見込みありそう）」と判断したお店に優先的に飛び込んで行く。その予想はあながち間違っていません。というか、かなり当たっている。

ただ、「おいしそう」なのに、まだ契約を取れていないお店はすでに同業他紙が当たっていたり、広告バジェットがハナからない会社だったりする確率もまた高い。契約していないそれなりの理由があるわけです。

一方、見込みがなさそうだと勝手にスルーしたお店は、やはり同業他社も同じことを考えるのか、バジェットが手つかずのまっさらな顧客だったりする上、社長や店主が営業慣れしていないことも多く、ディスカウント率も低い顧客だったりします。

確かに、支店だから決裁権がなかったり、観光客しか目当てにしていなかったりするけれど、実際に会いさえすれば「じゃあ、個人で経営している2号店のほうでお願いしようかな」とか、「ちょうどネットでのサービスも始めたから、そっちでお願いするよ」となる可能性もあります。実際に多いケースです。

知識も経験もない1ヶ月目だと、何もわからず飛び込んで行くので、そういうチャンスも期待できる。なので、毎月、新人が入れ替わりでトップを獲っていく現象が生まれたということです。

何も「バカになって戦略も考えず飛び込め！」と言っているわけではありません。仕事は経験値を持って戦略的なほうがいいに決まっている。

ただ、その戦略、練り過ぎて動けないでいる間に、無戦略なアホに先を越されるかもよ、という話です。

ミルコが教えてくれた、勝利を一番掴みやすい方法

ここまで読んでくれた人のなかには、ある誤解をされた方もいると思います。「結局のところ、何も考えず、バカになって、ガッツと根性でぶつかり続けようぜ！」と、昔ながらの根性論に頼っているんじゃないか、と。

実は僕は、自他共に認める「怠け者」です。

「世界めんどくさがり屋選手権」があれば日本代表になる自信もある。僕は、僕より「無駄な努力をするのが嫌いなヤツ」を見たことがありません。

そんな僕が、ここまで「とにかくガムシャラに打席に立ち続けよう」と繰り返す理由は、結局、それが一番「コストパフォーマンス」がいいことを、身をもって知ったからです。

日本で「コスパのいい戦略を！」というフレーズを聞くと、なぜかイメージ的に「頭を使って、汗をかかずに、じっくり焦らず、営業件数を減らして、物静かに、様子見つつ、状況待ち」みたいな感じに聞こえてしまうし、そんな空気になります。

でも、僕から言わせれば、それ、最初の「頭を使って」以外、全部ハズれてる。

クロアチアの総合格闘家ミルコ・クロコップ選手にインタビューしたときのことです。彼は、格闘技ファンでは知らない人はいないほどのMMA界のレジェンド。前へ前へ出るそのファイティングスタイルから〝昔ながらのガッツと根性重視のファイター〟と思われがちです。

実際、「KOするか、されるか」の直線的な闘い方は、ファンを熱くさせると同時に、素人目には、頭を使ったインサイドワーク派には見えません。

そのスタイルについて質問するとミルコ選手は「実は、こう見えてStrategic（戦略派）なんだよ」とはにかみました。

「ボクシングのような3分12ラウンドなら戦略も変える。ただ、総合格闘技の5分3ラウンドという短期決戦で、経験上、確率的に一番〝勝ち〟の結果をもたらしやすいのは、多少危険でもDesperate（ガムシャラ）に前に前に出るスタイルなんだ」

根性論ではなく、データと経験に基づいた〝ガムシャラ〟だ、ということでした。

結果、彼はPRIDEヘビー級のトーナメントで優勝しました。

本当の意味での〝コスパがいい〟とは

つまり、コストパフォーマンスをじっくり考えた戦略のなかに「必死でガムシャラにやる」というシーンがあっていいということ。

いや、絶対にあるべきなんです。

多くの人には、「スマートに、頭を使って、冷静に」というイメージと「ガムシャラで、汗をかいて、必死で」というイメージが、かけ離れているかのような傾向にあると思いますが、実は、この二つはかけ離れてはいません。

「スマートにガムシャラで、頭を使い汗もかき、冷静に必死で」闘うことはできるはずで、そして、それが一番強い。

後述しますが、僕は、創業してからの2年間、今振り返っても記憶がないほど働きました。離陸する飛行機でいえば、上昇気流に乗るまでの一番エネルギーが必要な期間。そこから現在までの16年間も、もちろん大変じゃなかった時期は一瞬もなかったけれど、「慣性の法則」で動けていた面もあります。

ガムシャラの2年間が、その後の十数年にわたる僕のニューヨークでの居場所を作ってくれた。ライフワークの基盤を固めてくれた。その後の苦労を苦労と思えないほど、人生をひっくり返してくれた。

ということは、あの、〝何も考えず、必死だった〟2年間は長い目で見れば、「フォーカスを絞って、コスパを考えて、要領よくした」結果だとも言えるはずです。

人生のある一定期間、ガムシャラに燃焼する時間は必要なんじゃないかと思うのです。

その後の人生の、それこそ「コスパ」をよくするために。

2位以下は最下位と同じ

無我夢中でニューヨーカーたちと奮闘していたインターン時代。

当面の僕の目標は会社にビザのスポンサーになってもらうことでした。ビザがなければ、この国に滞在することすらかなわない。

とにかく会社にとって利益をもたらす人材になれば、会社のほうから「ビザを申請するから正社員として働いてくれ」と言ってくるはず。

そう信じて、半年間、無給でガムシャラに誰よりも働き、気づけば、正社員より契約を取ってくるインターンになっていました。

でも、それだけではまだ足りない。

その会社の他の同僚は、僕を除いて全員アメリカの大学を卒業し、正式なビザを取得している日本人スタッフたち。英語が堪能なうえ、アメリカ生活にも慣れきっている面々。土台から僕とは違います。

強引に契約を取り続けているとはいえ、プライベートでは未だマクドナルドすらまともに注文できない僕が、会社にスポンサードしてもらい、ビザを得て、正式な社員になるためには、抜きん出た「トップ」にならなきゃいけない。

もともとハンデがあるなら、トップを獲り続けてやっと他に並ぶことができる。

「2位以下は最下位と同じだ」というのが、その頃の僕の口癖になりました。

偉そうな後づけですが、今振り返れば、あの口癖が人生の転換点だったと思います。

そう「なんとかみんなについて行けています」じゃダメ。

あくまでも「トップを独走、じゃなきゃダメなんだ」と、気持ちだけでもそう最初にセットしたことが、その後を大きく変えてくれました。

トップになりたければ、トップを走っている人に会おう

それから数年後、世界のトップにインタビューをする仕事に就き、幸運なことに、1000人以上のトップリーダーとお話をする機会を得ました。

ビジネス界であれ、スポーツ界であれ、エンターテイメント業界であれ、誰もが認めるその世界のトップの人のなかで、最初から2番手でいいと思っていた人は皆無。「トップを意識して、トップとぶつかって、トップになった」人たちばかり。チャンピオンを狙って、そしてチャンピオンになった人たちばかりでした。

2位や3位の延長線上に1位があるのではなく、「1位を狙ったその延長線上に、ひょっとしたら、2位か3位になるかもしれないけれど、結果やっぱり1位を獲れた」――。そんな人だけだったような気がします。

だから僕は今も、新しい事業を始めるとき、その業界の1位の人や、1位の組織を意識するようにしています。

今から挑戦する新参者が、そこを目標にするなんて「おこがましい」「甘い」と怒られるかもしれません。それでも、気持ちの上で意識するのはタダです。

もちろん意識しただけで1位を獲れるなんて思っていない。まず獲れない。

でも、１位を意識することによって、１位のやり方、スキル、方法論を参考にできます。根性論を言いたいわけじゃない。意識を変革する、ということです。

ハリウッドスターの渡辺謙さんに、かつて3度、単独でインタビューしました。その2回目、謙さんはこう話してくれました。

「いつだって、今の自分の仕事が最上なんだろうか、とは考えています。毎回、毎回、これを自分の最高傑作にするという気持ちで望んでいますね。もちろん毎回、毎回、更新なんてできないですよ。でも、少なくとも、過去の自分のベストでいいと思ったことはないですね。あくまで、気持ちだけは毎回、これがベスト、と思って臨んでいます」

他者と比べても、過去の自分と比べても、狙うは首位。

１位だけ。

破天荒ダイナミックプランのすすめ

もうひとつ、「あくまで1位を狙う」効用が他にもあるとするなら、実はそっちのほうが楽だから、です。

今の現状をとりあえず無視して、実現不可能なほどのダイナミックなプランをまずは掲げてみる。

たとえば年収300万円の人が、年収500万円の目標を掲げると、これまで通りのやり方に加え、多少強引な努力を追加してしまい、後々しわ寄せが出ることにもなりかねない。なので、思い切って目標を年収3000万にしてみる。今より10倍の努力はまず不可能だから、「年収3000万にするためにはどうすればいいか」というところから逆算して、人生プランを根本的に見直すことができる。

中小企業の経営者にしても、昨年の売り上げが1億円だったとして、今年の目標を1億2千万円に設定した場合、考えただけで、もう、シンドい。

昨年だって必死で頑張ったのに、今年はさらに企業努力を2割増しで展開するの⁉っていう発想は、それ自体、苦痛すぎます。

そこで、仮に目標を5億円にしてみる。となると5倍の努力は物理的に不可能だから、もう抜本的に事業計画や戦略を見直さなきゃいけなくなります。今まで通りの「営業マーケットを拡大する」とか、「新商品をラインナップする」といった従来通りの発想では間に合いません。新規事業を立ちあげるなり、新規拠点をオープンするなり、今までにない発想が自ずと生まれるわけです。

つまり、「必死でやればなんとか達成できる程度」の目標ではなく、「普通に頑張っても到底達成できないだろうな」くらいの目標を一度掲げてみる。

そのほうがまったく新しい発想が生まれるし、なおかつ、ワクワクしてきます。

まずはペンキをぶち撒《ま》けろ！

真っ白な壁一面があなたの目の前にあると想像してみよう。これを余すところなく、すべて黒く塗りつぶす作業をしなければならないとしたなら。まずは、何も考えずでっかい筆かローラーでいきなり、えいっ！と塗りつぶすのが一番効率的なはずです。なんなら黒のペンキ缶ごと、ぶち撒けるのが一番手っ取り早い。

今、巷に溢れているスキル論は、言ってみれば、「そこの角を塗るにはこの筆ペンが便利」とか、「塗りきれていない箇所を探すには、この特殊加工のサングラスで見ればわかりやすい」といった細かなアドバイスばかり。

でも、まだ何も塗られていない真っ白な壁の状態で、そんな知識ばかりを身につけるのは、明らかに非効率です。実際の行動に出る前に、一生懸命知識だけを身につけるのは、こんな状態かもしれない。

とりあえず、まずはペンキ缶ごとぶち撒ける。

細かな「コーナーの塗りつぶし方」や「余白の探し方」はそのあとでいい。

医者に10kgの減量を言い渡された人が、一日中部屋で「ピーマンは100gあたり糖質3gだけど、パプリカだとその倍もあるんだ!」とネットで調べても、1gも痩せない。まずは外に飛び出してジョギングする。10kgの減量をゴールとするなら、ピーマンとパプリカの糖質含有量の差3gは、ダイエットの後半にこそ役立つ情報なはずです。

まずは、ド真ん中に向かって、ぶち撒けよう。

すべてはそこから、だ。

第4章

渡ってきた橋を壊せ!

KEEP YOUR EYE ON THE GOAL!

「もう、死ぬか、成功するかだな」

宣言しちゃったからには、ヤルしかない。できなかったらカッコ悪い。

アメリカ人は、「今日」という言葉に対して、刹那的な意識が日本よりも強い。

日本は「足のつくプール」なんだなと思い知らされます。溺れかけても、死ぬことはまず、ない。

今日を生き抜いたら、明日は勝手にやってくるよ。

2度目の渡米、自分との約束

やっとのことで念願のビザを会社に取得してもらった矢先、日本から母急死の連絡が入ります。末期の膵臓《すいぞう》癌が見つかり、入院数週間後のことでした。母とは長い間、電話ですら話せていませんでした。むちゃくちゃだった次男が海外とはいえ、やっと落ち着いた生活をし始めている。心配させたくないという本人の希望から、入院したことすら僕には知らされていませんでした。

もう日本の地は踏まない。

そんな大げさな決心をして飛び出てきてからわずか1年半後。僕はニューヨークのアパートから、故郷岡山の実家のドアまで、ぴったり24時間の帰路に就きました。2002年の夏のことです。

告別式にすら間に合わなかった僕は、遺体との対面すら叶わず、あまりに親不孝だったと思います。思春期以降、母の言うことを聞いたこともない。むしろイラだって真逆なことをあえてし続けていた。

それなのに母は異常なほどの子煩悩《ぼんのう》でした。必要以上に子どもを愛し、信じる母親でした。

僕がニューヨークに行く決意を話したときも、親父を含む周囲が「逃げているだけだろう」と鼻で笑うなか、財布ごと僕に渡し「負けちゃあおえんよ（負けてはダメよ）」と励ましてくれた。

その母親の死に目に立ち会うことすらできなかった。

仕事を優先して最期に立ち会えなかった、というのであればカッコいいかもしれない。メジャーリーガーが登板していた、芸人が舞台で漫才していた、というなら、まだドラマにもなります。

でも、僕の場合は誰に頼まれたわけでもなく、勝手に「夢を追うんだ！」と酔いしれて、勝手に出て行って、勝手に帰って来なかった。「夢」という言葉を使うのすらおこがましい、ただの「欲望」のために。

罪悪感と喪失感で全身から力が抜け落ちていく感覚を味わいました。

母が急死したことで、年老いた父と障害を持つ兄の二人暮らしになります。

そして僕の離婚は成立し、ビザをスポンサードしてくれた会社からは、実は倒産間近だと連絡が入ります。

死ぬか、成功するか

「もう十分やったかな」。そう思いかけていました。「ニューヨークに戻る理由はもうなくなったのかもな」。「だいたい夢が終るときってこんな感じなんだろうなぁ」と。

そう思いつつ、母が最期を迎えた病室を覗きに行きました。

そのとき、不意に恰幅《かっぷく》のいい年配のおばさんが「あら！　高橋さんの息子さんでしょー」と話しかけてくれました。婦長と書かれた名札を胸につけたその看護師さんは、「おかあさん、何度もあなたの写真を見せてくれたから」とニッコリ。「集中治療室に移った日まで、息子がニューヨークにいてねえ、と嬉しそうに写真を見せてくれたのよ」

渡米後にたった1枚だけ送った、雪の日のサンクスギビングのときの写真を周囲に見せびらかしていたそうです。

「自慢の息子さんだったのね」ベッドを片付けながら婦長さんはそう微笑みました。

自慢の……？

小学校の入学式に塀を乗り越えて脱走し、第一回目の呼び出しをくらって以降、今の今まで何度、苦労させ、心配させ、泣かせたかわからない。

今だって瀬戸内海の片田舎では、ニューヨーク在住を珍しがってもらえても、ついこの間まではただのインターン。自慢できることなんて何もない。物心ついてから、今の今まで、「自慢の息子」になんて、なったことは一度もなかった。

「死にに行く」なんてカッコつけて飛行機に乗った1年半前を思い出します。

そのとき、「逃げているだけだろう」と鼻で笑った父が、今度は「中途半端に帰ってくるな。母さんがあえて、おまえに連絡しなかった意味がなくなる」と言ってくる。

そして２００２年９月１日、２度目のアメリカ行きの機上の人となりました。到着間際、眼下に広がるマンハッタンの摩天楼を窓から見下ろしながら、やれるところまでやろう、そう決心しました。ニューヨークの街も、あの悲劇からなんとか立ち直ろうとしていた頃です。

「もう、死ぬか、成功するかだな」と、自分のなかで日本へ戻る橋を壊しました。

「成功できるかどうかは（自分にも）約束できない」けれど「成功してもおかしくないほどの努力は（自分には）約束しよう」と。

本当の意味での「渡米」はこのときだったのかもしれません。

日本は足のつくプール、世界は底のない大海

日本で生まれ、ニューヨークで暮らす僕は、〝自分で自分の人生を決められるという幸せ〟を日々、痛感しています。同時に、今、日本に暮らす若い人は、あらゆる選択肢が溢れすぎて人生を選びきれず、時間がいたずらに過ぎていく怖さがあるのだろうな、とも感じています。

ニューヨークでＩＴ関連に勤めるインド人の知り合いに「やっぱりインドの人って数学が得意なの？」と何気なく訊ねたことがありました。

彼は、「褒め言葉として言っているのかもしれないけれど、それってある意味、人種差別だよ」と笑いました。「国籍による得意、不得意なんてあるわけがない。あるとしたら、環境なんだ」と。

インドは知っての通り人口が圧倒的に多く、そのうえカースト制度の名残もあって、生まれたときから、父親の職業をそのまま継ぐのが、今も当たり前なのだとか。父親が屋台を引いていたら屋台を引く。清掃業であれば清掃業を継ぐ可能性が高い。日本の江戸時代のシステムに近いかもしれません。自分たちが何か新しい職業に挑

戦するためには、父親の世代にはなかった業種を選ぶ必要がある。それが「ＩＴ」だっただけだと。

彼らが決められた運命から逃れるために、ＩＴのスペシャリストになるには、数学を必死で勉強する必要がありました。つまり、努力することが「許された」のです。

現在、僕の新聞社の編集部は、ニューヨークのど真ん中にあります。40丁目とマジソンアベニューの交差点は、マンハッタンの真ん中の真ん中で、なんならタイムズ・スクエアよりも、グランドセントラル駅よりも、真ん中です（タイムズ・スクエアはちょっとだけ西に、グランドセントラル駅はちょっとだけ東に寄っています）。そんなど真ん中に位置するオフィスビルの１階ロビーで、平日の日中、ドアマンのコロンビア人カルロは、いつもギター片手に陽気に歌っています。いちおう仕事中なのに。

その光景自体は、この街では珍しくもなく、いつものことなので、テナントのニューヨーカーはスルーしているのですが、真夏の外回り営業から帰ってきたときなどは、結構、苦痛です。というのも、こっちはエアコンの効いた編集部に早く戻りたいにもかかわらず、彼に捕まったら最後、「セニョール！　セニョール！　フォーユー！　フォーユー！」と頼んでもいないのに、僕のためにその場で一曲歌ってくれようとするからです。満面の笑顔で。

断る以前に、すでに歌い出している。歌詞の内容もまったくわからないC－POP（コロンビア・ポップ？）を汗ダラダラのなか、ジャケットを肩にかけて聴き流すようにしています。作り笑顔で。

さらに、曲が終わり、拍手しようとしたところで、ジャジャジャジャ〜ンと2番が始まったりする。笑顔も消える。


ある日、僕はカルロに聞きました。「どうして、いつもそんなに陽気なの？　何がそんなに人生楽しいんだよ」と。

彼は何を言っているんだという顔で「セニョール！　何が人生楽しくないんだ！　この世は素晴らしい！　楽しくないなんてことはないじゃないか！」といつも以上のテンションと満面の笑顔で返してきました。


聞くと彼は母国コロンビアの内戦の地から、子どもを両脇にそれぞれ抱え、地雷を踏まないように、この国に亡命してきたのだとか。文字通り「一歩間違えば」、自分だけでなく家族の命も失うなか、このニューヨークに辿り着いた。そりゃあ、人生楽しいに決まっている。この世は素晴らしいに違いない。少なくとも彼は、もう地雷によって自分と家族の命を危険に晒さなくて済む（そっりゃ、歌いたくなるわ。今度は３番まで聴いてやろう）。

この街には、彼と同様の経験をして辿り着いた人が数え切れないほどいます。世界各国から、学歴も語学力も金もコネもないままに。

戦地への出撃から逃れてきたイスラエル人女性。殺される可能性から逃げてきた同性愛者のモンゴル人男性。極度の貧困から、せめて家族の食い扶持だけでも確保するために移民してきたナイジェリアのタクシー運転手。宗教迫害を受け、自身の信仰を守るため家族で移ってきたイラン人家族……ｅｔｃ.

そんなニューヨーカーたちと話すと、日本は「足のつくプール」なんだなと思い知らされます。溺れかけても、死ぬことはまず、ない。

彼らは、溺れたら死ぬ大海を泳いでここまで来た。

もはや「他に選択肢がなかった」から命をかけてここまで辿り着いた。傍から見れば、彼らはある時点まで、とても不幸な人たちだったのかもしれません。

でも、その境遇は、これ以上ないほどの強みにもなる。他に道がないなら、覚悟を決めて戦うしかない。

生き抜くための武器は走りながら拾うしかありません。

エラそうなことを言う僕も、渡米当初にもし何もない状態じゃなければ、「行動」じゃなく確実に「理屈」に走っていたはずです。


「まずは学校に行って時期を見よう」

「とりあえず資格でも取ってハクをつけよう」

「やっぱり向いてないから出直そう」


僕のような弱い人間だと、その「理屈」を「逃げ」の言い訳に利用する可能性が高かった。でも幸い（？）学校に行く時間も、資格を取るお金も、なにより、出直すための帰る場所もありませんでした。

結果、渡米2年目から業界に入り込み、3年目から社長業をスタートし、今までやってこられたのは、「橋を渡り、その橋を壊したから」だと思っています（正確に言えば〝壊れてた〟んだけど）。

もちろん、日本人でなかなか彼らと同じ状況になること自体、難しいことだとは思います。内戦や紛争、迫害や貧困を抱える国と、平和大国ニッポンを比べるつもりもないし、意味もない。

では、日本で「橋を壊す」にはどうすればいいか。

手っ取り早い方法は、周囲に向かって宣言してしまうことです。ＳＮＳでもなんでもいい。「３年以内に、宅建資格を取得します」「来年、留学します」「東京オリンピックまでに都内に２号店をオープンします」「再来月、子どもが生まれたら禁煙します」……ｅｔｃ.

宣言しちゃったからには、ヤルしかない。できなかったらカッコ悪い。

世間体や周囲の目を気にしがちな日本では、案外、ニューヨークよりも効果的かもしれません。

逃げられる橋があると、僕みたいな人間は、ほぼ無意識に引き返している（笑）。

だから、最初に橋を壊す。

今日を人生最期の日と思って生きる

「明日があるさ」という言葉を日本でよく聞きます。元は坂本九さんの60年代にヒットした歌謡曲から、だと思います。

今でも、人を励ますときには、常套句《じょうとうく》的によく使われています。

明日に希望を託そう、というポジティブな、明るいイメージでとてもいいフレーズだなって思います。

ただ、ニューヨークでよく聞くのは、「明日」ではなく「今日」もしくは、「今」を使った言葉です。たとえば、「NOW OR NEVER」

「今やるか、もう二度としないか」。もっと言うなら「今しかない！」

本当に、よく聞くフレーズです。ポップソングの歌詞のなかにもあるし、そのものズバリをタイトルにした曲もあります。

決意表明する際の政治家の演説シーンにも使われるし、果ては量販店のＳＡＬＥ品にも貼られています。今買わないとこの価格はもう出さないよ、という「今日だけの大特価！」の意味で。

ブロードウェイ・ミュージカルの代表的な作品『ＲＥＮＴ』のテーマソングは、「NO DAY BUT TODAY」（今日という日以外はない）。つまり、「今日しかない！」。今日だけを必死に生きようとする若い世代のニューヨーカーたちの話です。

ブロードウェイといえば、毎年行われるミュージカルの祭典、トニー賞授賞式の会場にプレスとして招待されたときのこと。受賞したプロデューサーが壇上で「Get live thinking today that it the last day!（今日が人生最期の日と思って生きよう！）」とトロフィー片手に呼びかけていたことを思い出します。

あのスティーブ・ジョブズが、毎朝起床後、鏡を見つめ「Today is the first day in the rest of my life.（今日が残りの人生の最初の日だ）」と自らに言い聞かせてから、１日をスタートさせていたのも有名な話です。

世界各国からの〝ワケあり〟移民で成り立つ国だからなのか、アメリカ人は、「今日」という言葉に対して、刹那《せつな》的な意識が日本よりも強いようにも思えます。

なかでもニューヨーカーは、あの同時多発テロ以降、その観念を強く持って生きています。

今日を生き抜けば、明日は勝手にやってくる！

以前、ＹＡＭＡＨＡの米国支店長に取材したときに、９・11以降、バイクが飛ぶように売れていると聞きました。「ニューヨーカーにとっては、あの日以降、明日のことを考えて貯金するより、とりあえず、今日、まずは今日だけを必死で楽しもうという感覚になったのかもしれませんね」と。

もちろん〝あの日〟以降の僕のように、やりたい仕事や夢を、今日、今スグ、スタートさせよう！　と思った人も少なくなかったはずです。

明日があるさ、という言葉はとても耳障りもよく、ある種の安心感もあります。でもそれは今日をいい加減に生きていいという意味なんかじゃない。

思春期に僕が最も影響を受けたプロレスラーの天龍源一郎さんに、数年前、試合後の誰もいない後楽園ホールの控え室で、インタビューさせてもらったときのこと。「みんな明日の話になると目をキラキラさせるよね。こういう資格を取りたいとか、これくらいの年収を稼ぎたいとか、でもそう言うヤツに限って、今日の話はしないんだよね。明日の自分は、今日の自分と同じ人間なのに、どうして、今日できない奴が、明日できる奴になっていると思えるのか」

あのガラガラ声でそう話してくれた天龍さんは、最後にニヤリと笑い、「で、今日を生き抜いたら、明日は勝手にやってくるよ」と僕の胸元を軽くドンと殴ってくれました。ご本人は軽〜く拳を合わせたつもりでも、学生時代の憧れの方からの、息ができなくなるくらいの衝撃にその瞬間、僕は腹を括ることができた気がします。

明日があるさ、という思いを捨てることに。

第5章

見切り発車で行こう！

JUST JUMP INTO THE WATER!

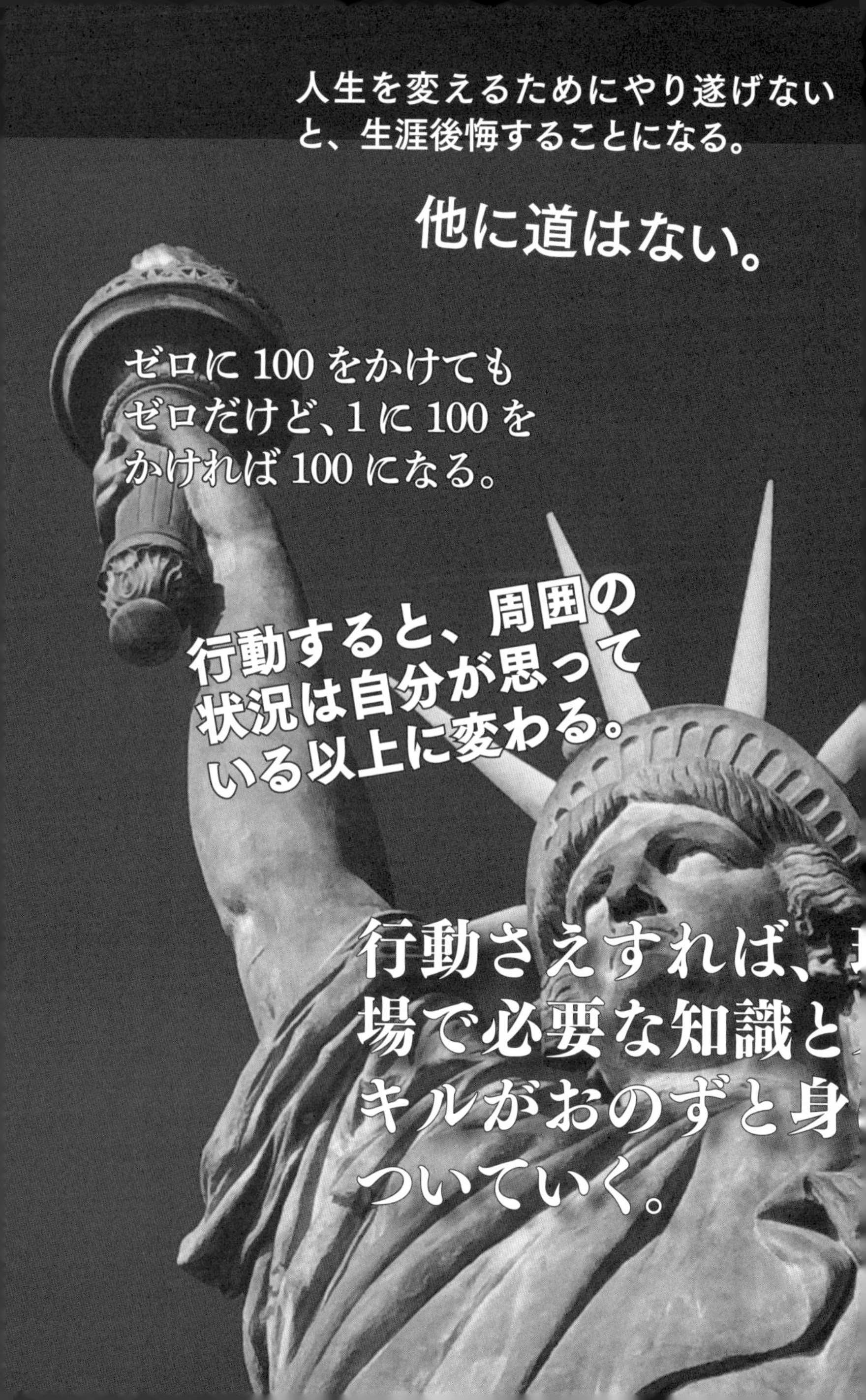

人生を変えるためにやり遂げないと、生涯後悔することになる。

他に道はない。

ゼロに 100 をかけても
ゼロだけど、1 に 100 を
かければ 100 になる。

行動すると、周囲の
状況は自分が思って
いる以上に変わる。

行動さえすれば、
場で必要な知識と
キルがおのずと身
ついていく。

新天地を求めて

母の弔いが済んで、再びニューヨークへ戻ってきたときには、大げさに言うと、「死ぬか、成功するかだ」くらいに気持ちは固まっていました。

とはいっても、僕のビザをスポンサードしてくれた会社は、倒産間近。その会社がなくなったら、合法的にこの国に滞在することすらできなくなる。やはりセプテンバー・イレブン（9・11）は、多くの日系零細企業に深刻なダメージをもたらしました。外国人である僕たちは、雇用会社がなくなれば、一定期間内に新たな雇用先を見つける必要があります。

そのときに思い出したのが、最初に履歴書を送ったものの返信すらなかった、もうひとつの会社、もうひとりの憧れの社長でした。ワイズ・パブリッシングの吉田仁社長との出会いは、こうして面接から始まりました。

初対面にもかかわらず、厚かましくも自分を含め、前職からついてきてくれた他の4人の社員の面倒も見てもらうことをお願いしました。

なりふり構ってはいられない。スポンサードしてくれる会社がないと全員、強制退国となります。この国にいること自体できなくなってしまう。

ニューヨークの日系社会は、日本人の想像以上に狭く、同じ業界でインターンから副社長にまで上り詰めた僕のことを知ってくれていた吉田社長は「君だけなら雇おう」と言ってくれました。でも「全員は雇えない」と。

経営者になった今は、それが当たり前の話だとわかります。会社の規模でスポンサードできるビザの絶対数は決まっている。いきなり5人雇ってくれと言われても、法的に無理な話です。採用は僕ひとりだけという条件にその場は「考えさせてください」といったん帰りましたが、僕の気持ちは決まっていました。

つい先日、日本から戻ってくる飛行機のなかで「死ぬか、成功するか」と誓ったばかりじゃないか。年老いた父や障害を持つ兄を残してまで、命がけで出てきた新天地で、ついてきてくれた社員の生活までを考える余裕はない。これはドラマや映画じゃない、現実の話。

その日の夕方、忘れもしません。セカンドアベニュー沿いのダンキンドーナッツに4人を呼び出し、頭を下げました。

「ひとりしか雇ってもらえない。申し訳ないけど、そのオファーを受けようと思う」

罵しられたらラクだった。

沈みかけた船からひとり、別の船に乗り移ろうとしているのだから。でも、4人全員が、皆、僕の背中を押してくれました。

「よかったじゃないですか」

「謝ることないですよ」

「ひとりで行ってください」

「僕たちはなんとかなりますから」

なんとも、ならない。……外国人である僕たちはスポンサー企業がつかないと、即国外退去です。つまりここまで、僕を信用してついてきてくれた仲間たちは、これで強制帰国が決まったようなもの。

それ以上、その場で何も言えませんでした。

その翌日。

再び吉田社長のもとを訪れた僕は、待合室にいるあいだも、「部下を４人全員、切ってきました。約束通り僕を雇ってください」と、用意していた言葉を頭のなかで反芻していました。

ところが、なぜそんなことを言ったのか。社長の顔を見るなり、僕の口をついて出た言葉に、僕自身が一番驚きました。

「スミマセン……やっぱり連中を見捨てられないです」

（おいおい、何言ってんだオレ）。言っているそばから、すでにもうひとりの自分が驚いている。カッコつけてる立場でも状況でもないことは、誰より自分がわかっている。

「後悔しないのか？」

確認する社長に、おそらくここでドラマや映画なら、「自分だけ生き残るわけにはいかないので」とか、「ついてきてくれた仲間を見捨てるほうが後々、後悔しますから」とカッコよく微笑むところ、実際は、社長の言葉に被せるようにして、「いや、すでにしてますけどっ！」と（なぜか）半ギレで答えてました（笑）。

それでも、チャンスをいただいたことに「ありがとうございました。お会いできて嬉しかったです」と笑顔で一礼して社長室を出ました。ドアを閉めた途端に、

「どうしよ……」と泣きそうな顔になったけど。

帰り道、「何やってんだ、オレ……」と半泣きになりながら、51丁目とレキシントンアベニューの地下鉄の階段を降りようとしたところ、「戻ってこい」と携帯が鳴りました。

戻った社長室で、「ビザの制限があるから、やはり全員は雇えない」ということ、そして、「それでも全員を救う方法がひとつだけある」ということを聞かされました。

よほどのバカになれば、できること

「出資してやるから、社長をやる気はあるか」

真っ直ぐこちらを見て話す吉田社長の、その言葉の意味が、最初は理解できませんでした。

「新しく新聞社を登記すれば、そこで全員分のビザが確保できる」と、きょとんとする僕に社長は続けます。「もちろん、やるからには今の市場でトップを狙う。そのためには、無料形態の日刊紙しかない。これ以上ない挑戦になると思うけれど」

考えたこともない選択でした。

「起業」に興味を持ったこともない。「社長」になりたいと思ったこともない。よく見かける「ベンチャー起業スピリッツ！」的なセミナーに出席したことも、「人生一度は起業にかけろ！」的なビジネス本を購入したこともありません。

どっちかっていうとジャーナリストやルポライターといった、書くことを仕事にしたほうが向いている、いや、そのほうがカッコいいと（とんでもない偏見だけど）思っていました。

自分が社長？　しかも、このニューヨークで？

まったく現実味のない提案でした。それでも、ついてきてくれた彼ら全員を救えるなら、選択肢は他にありませんでした。新しい新聞社を設立し、彼らを雇用する。そうすることで確かに僕も含め全員のビザと仕事と滞在問題はすべて解決できる。ただ、同時にそれは考えうるなかでおそらく最も困難な解決方法。まっさらな状態から会社を立ち上げ、ニューヨーク日系社会百年の歴史で、初めて日刊の無料紙を発刊し、広告だけで採算を取り続けていく……。

（それって限りなく不可能に近い挑戦だろ）と囁《ささや》くもうひとりの自分を無視して、

気づけば「よろしくお願いします！」と頭を下げていました。他に道はない。

その日から、望んで始まったわけではない「社長業」が始まります。登記からオフィス探し、何より新聞創刊にあたってのすべての手続き、作業はまったくのゼロからのスタートです。

ニュースソースはどこから持ってくるのか。

配布エリアはニューヨーク州内にするのか、全米の主要都市にするのか。

装丁は？　印刷所は？　流通経路は？　媒体名（タイトル）は？

そして、何より僕たち以外のスタッフは？

決まっていたのは、フリーの日刊紙にする、ということだけでした。

2000年代初頭、すでにコミュニティペーパーはニューヨークの日系市場に何紙もありました。後発隊は他紙にない特徴を出す必要がある。

飽和状態のマーケットで生き残るには、1等賞を狙うしかありません。「なんとか市場にポジションを見つけよう」くらいの考え方では絶対に生き残れない。

テストで合格したいなら、満点を狙う。

結果、満点を取れなくても合格はできる。

このマーケットにおいての満点は、かつて誰も挑戦すらしなかった「日刊のフリーペーパー」しか考えられませんでした。

もちろん「そんなこと可能なのだろうか」という不安しかない。

新聞自体を無料にして、日曜日を除く、週６日発行する。

そのすべての膨大なコストを広告スポンサーだけで賄《まかな》い、かつ利益を出していく。

まとまった初期投資があるわけでもなく、発刊初月から黒字を出す、というのが、オーナーから課せられた最低条件でした。

当時、何もわかっていなかったから挑戦できたのかもしれません。

冷静に考える時間すらなかったことも幸いだった気がします。今考えても、限りなく不可能に近い。いや、ある程度ビジネスを理解している今なら、逆に挑戦できないと思います。

実際、ニューヨークの日系社会が築かれて以降、誰も成し遂げていません。厳密に言えば、挑戦しようとした人は過去に何人かいたそうです。でも、できなかった。

どう考えてもコストが合わない。世界一物価の高いニューヨークという市場で、無料日刊紙は採算がどうしても取れない。

事実、そのときに相談しに行った経営コンサルタントに、「東（海岸）では無理、無理！　よっぽどのバカじゃないとやれないよ」と一刀両断されました。

ただ、そのことが逆に「イケルかも」と思わせてくれるキッカケにもなりました。帰り道、そのコンサルタントにニヤニヤしながら言われたそのセリフが、僕を覚醒させることになります。

よっぽどのバカになれば、できるんだ――。それは僕の得意ワザでもありました。

用意周到という幻想

こうして、よっぽどのバカになることを決めた僕の、人生最大の「見切り発車」がスタートします。

もちろん、準備万端に越したことはないけれど、その準備のために、時間を使って、タイミングを待って、「結局、スタートしなかった」ということだけは避けたい。それにニューヨークも東京も、こっちの準備が整うまで待ってもらえるような市場でもない。

準備不足で恥をかくその何倍も、「いつか、いつか」で始めないほうが怖い。人生において、タイミングを逃すことのほうがずっとリスクだと思っているからです。

何よりも、時間をかけて準備したものがそのまま通用するかというと、マニュアルな分、通用しない可能性のほうが高かったりもします。特に経営はやってみないとわからないことが多い。海外で外国人社長として挑戦するならなおさらです。

降って湧いたようなこの国での社長業。なりたくてなったわけじゃない外国人経営者の道。英語が話せるわけでもなく、経営学なんて学んだこともない。税金のことも、ビザのことも、法律のことも、まったく白紙の状態。どこから手をつけていいかさえわからない僕に、会長になった吉田さんは、こう言いました。

「税金や法律の知識も、売り上げ（お金）がなければ、一切なんの役にも立たないだろう」

なので、僕はまず自分のできること、すなわち営業だけに専念しました。そこで、売り上げが上がっていったところで、社員を増やす必要性を感じ、移民ビザのことを調べていく。黒字が出ると、当然、必要にせまられて税金のことを勉強していく。

行動さえすれば、現場で必要な知識とスキルがおのずと身についていく。

今でも何かを始めるときの僕の口癖は「武器は走りながら拾えばいい」

実際に戦いながら、必要な武器を、使える武器をその都度拾っていく。それこそが、最も現場に適した本物の知識とスキルなはずだと信じているからです。

ゼロにいくらかけてもゼロ

「何かを始める際、最初の一歩を踏み出すにはどうしたらいいでしょうか」

日本での講演会などで若い参加者からよく訊かれる質問です。

でも、この問いにだけは正解もなく、助けることも、アドバイスすることもできないんです。

最初は自分で踏み出すしかない。感動的な映画を観ても、真理をついた啓発本を読んでも、ましてや僕が背中を押しても、その瞬間はテンションが上がっても、実際の最初の１歩は踏み出せない。２歩目からの力になることはあっても、ゼロから

1だけは、自分の腹のなかから力を出すしかないんです。

それでも強いてアドバイスするならば、「何も考えない」ということ。

ただ、踏み出す。

理屈で固めてスタートしたら、理屈によってやめることもできてしまうからです。

九州地区での講演会にいつも来てくれる中島美紀さんという書道パフォーマーがいます。彼女は以前から、「いつか世界中の人に自分の書いた字で感動してもらいたい」と思っていました。そのためには「世界中の人たちに見せないことには、世界中の人たちを感動させられないじゃん」と気づきます。

それでどうしたの？　と聞く僕に、「とりあえず、世界中の人が集まるニューヨークに行きました」と笑いました。マンハッタンの路上で書道の単独パフォーマンスをする彼女を見るため、本人が見えなくなるほど周囲には人だかりができました。ニューヨーカーからは拍手喝采、本人、泣いて喜びました。その感動は1歩踏み出したからこそ。

勝算なんて最初からあるはずもなく、とりあえず踏み出した結果、今ではニューヨークで個展を開いたり、レストランに作品が飾られてたりします。

福岡出身のシンガー、ＮＯＢＵさん。彼が福岡での僕の講演会に来てくれた際、「アポロシアターで歌う」という長年の夢を実現したときの話をしてくれました。

「最初は失敗して恥をかいたらどうしようって躊躇しました」と言う彼に、「失敗したらどうしようと思ったの?」と聞くと、「失敗したら……ま、笑おっかな、と」と笑いました。いい笑顔でした。結果、「アマチュアナイト」で準優勝の大成功。その後、ゴスペルのタレント発掘番組でも最終審査まで残り、ニューヨークの音楽レーベルから全米デビュー、今では大活躍しています。日本では、ソフトバンクスタジアムで国歌斉唱をするまでになりました。

最初の1歩がなければ、彼らの今の成功はありませんでした。そして、その1歩は自分の力だけで踏み出した。美紀もＮＯＢＵも、自分のなかから溢れる想いを「行動」に変えたわけです。

特に今はＳＮＳやYouTubeが普及し、「個人の時代」になったと言われます。であれば「企業の時代」よりも動きやすい時代なはず。

行動しやすい時代に生きているということは、そっくりそのままチャンスだということ。

ゼロに１００をかけてもゼロだけど、１に１００をかければ１００になる。彼らのように１歩でも動けば、当初の目標以上の結果を生み出すことも珍しくありません。

こんな時代に、１歩を踏み出さないなんて、あまりにもったいなさすぎる。

たけしさんが教えてくれた言葉

日本での講演会ツアーが終わるたび、毎回参加者の若い世代の大学生などが数名、うちの会社にインターンとして働きに来るのが、ここ数年の通例となっています。ただのインターン、渡米してきたから「偉い」なんてことはありません。

でも、何かが変わったはずです。

行動すると、周囲の状況は自分が思っている以上に変わります。それは、もっと言えば、人生そのものが変わることに繋がっていく。

行動する前に想像で思い描いていた景色と、実際に動いて見えた景色は、これでもかというほど違います。たとえば、ニューヨークという街自体、実際に訪れるまでは、ポストカードでよく見る摩天楼の高層ビル群をイメージしがちです。

でも当たり前ですがマンハッタンのなかで暮らすと、摩天楼は目にできない。エンパイアーステートビルの展望台から見る景色に、エンパイアーステートビルは入っていません。

ニューヨークの大人の女性を描いたドラマ『セックス・アンド・ザ・シティ』。その撮影現場に遭遇したことがあります。撮影用のトレーラーにボロボロのジーンズを履いて、何日もお風呂に入ってないような現場スタッフの向こうに、カメラの前でマノロ・ブラニクのおしゃれなピンヒールを履いたキャリー役のサラ・ジェシカ・パーカーが演じていました。

当然ですが、どちらが本物のニューヨーカーかと言われたら、もちろんスタッフのほう。キャリーにはレフ板で人工の光源が当てられていた。

4人のヒロインたちは人種的にも職業的にも、圧倒的アッパークラスの超希少層という役柄です。『セックス・アンド・ザ・シティ』を観て、ニューヨーク全体を知ったような気になると、ほぼ間違った情報を仕入れてしまうことになる。

本物のニューヨークは当然、その他大勢でき上がっています。

話ついでに、勢いで書いちゃうと、たとえば、アダルト動画。映し出されるのは、俯瞰《ふかん》で裸の２人が絡んでいる全体像。でも、本番だと一人称の景色に変わります。実際のセックスは目の前にひとりがいる。今、ＡＶを見すぎている若い子が本番でイケなくなるのは、見える景色がまったく変わってくるからじゃないでしょうか（こんなこと書かないほうがよかったかな。しかも最近だとＶＲってのもできてるし）。

つまり行動して見える景色は、想像していた景色とは全然違うし、ずっと楽しいよってことです（行動前の予行練習ばかりだと本番に機能しなくなるのはＡＶも人生も一緒だ）。

だからこそ、見る前に飛び込んでみよう。

この「見る前に飛んじゃえ」っていう言葉は、実は北野武さんにインタビューした際に、言われたセリフでした。

たけしさんがハリウッドで映画を初めて撮った際、勝手がわからなかったけど、とりあえず挑戦してみた、という話のときだったと思います。

見る前に飛べってことは、なんならその言葉の意味を深く考える前に動けということでもあるから、僕はその言葉通り、何か迷ったときは、とりあえず動くようにしています。

だって、あのたけしさんが教えてくれた言葉だから。

行動とともに景色が変わる

夢への一歩を踏み出せば周りの景色が変わり、そこをまた走る。また次の景色に変わり、また走る。なかなかゴールに辿り着けなくともそれを繰り返す。これだけ走ったんだから、到達しないとおかしいだろう、辿り着いて当然だろう――デカイことを実現した人たちは、そんな感覚だったのではないでしょうか。

「ある朝、目覚めたら夢が叶っていた」なんてことは、あなたの夢が宝くじに当たることじゃない限り、ない。もしあったとしたら、それは夢じゃない。

雇われ社長時代、営業先では、〝引き抜き〟の正式オファーをよくいただきました。うちに来てくれたら、この条件を出すよ、今よりいいだろう――と。

人材に関しては万年、売り手市場のニューヨーク日系社会。

不動産業界やら、高級外車のディーラーやら、明らかに新聞業界なんかより儲かるんだろうなぁと思うところばかりから誘われました。でも当時、僕は「絶対、トム・クルーズに単独インタビューする」と決めていたので、すべてお断りました。報酬がよくても、僕にとっては、その先の夢が見えなかった。

その後、インタビュー連載をスタートさせ、毎週１０００字の記事を書き続け、トム・クルーズへの単独インタビューを実現させました。それらのインタビューが掲載されたＷＥＢ版は多くの有名ニュースサイトに転載され、それを見た日本のメルマガポータルサイト「まぐまぐ！」から依頼を受け、執筆連載。メルマガ大賞を獲ったことで、日本各地から講演会の依頼が来て、会場に来てくださったラジオ局のプロデューサーや、編集者さんから、出演、出版の依頼をいただき……と、どんどん僕を取り巻く景色が変わっていく。

どんなオファーをいただいても、僕のスタンスは変わらない。

できるか、できないかは、関係ない。やりたいと感じたオファーに対して、僕の答えはいつも同じ。「お願いします」

最近妻が、「あのときベンツの営業マンにならなくてよかったね」と言いました。

人生を変えるために

とはいうものの、見切り発車で社長になって以降、創刊するまでの半年間は、吐き気がするほどの労働時間と労働条件でした。今なら完全にブラック企業。休みはゼロ。睡眠時間は平均ゼロ〜3時間。泥のように眠り、這いずるように起きて、編集部か、印刷所か、営業先企業の訪問に行く日々。

今でも覚えているのは、オフィスのデスク上のデジタル時計が表示した【07：12】という数字。ほんの数秒だったかと思うけれど、この7：12がAMなのか、PMなのかわからなくなったときがあります。振り返り、後ろのカーテンを開け、朝日が差し込んでいたから「あぁ、朝だったのか」と確認する。そのくらい昼も夜もありませんでした。

広告営業先では、今のようなiPadもなく、ニュースサイトも確立されていない時代に、まだ創刊されてもいないモノを口頭の説明だけで売るという離れ業を強いられました。創刊されていないのだから、プレゼンする〝モノ〟がない。何より、「日刊で無料」というビジネス形態自体を信じてもらえない。「どうせ続かないでしょ」「創刊したら、また来てよ」何度もそう追い払われました。

外回りの営業中に、レキシントンアベニューと52丁目の交差点で、バイクに左足を轢かれたこともあります。この国の交通事故現場では、後の裁判のことを考えて、滅多なことで当事者間では謝りません。

「Sorry」と言えば、後に不利な証言とも取られかねない。にもかかわらず、運転手が慌てて降りて、「大丈夫か⁉」と謝ってきたことからも、明らかに相手の過失であったことは明白でした。

激痛のなか、それでもやっとアポイントが取れた大手証券会社の役員を待たせているので、足をひきずって構わず行こうとします。

口を開けた運転手が「病院に連れて行くから……」と僕を抱えようとするなか、「大丈夫なんだよ！」と振りほどきました。ここで遅刻しては、2度とアポイントを取りつけてもらえなくなる。契約が決まれば、創刊に向けて大きな売り上げになるはずです。病院なんかに行っている場合じゃなかった。

後方で、保身のため周囲に「病院連れて行くって提案したんだよ」と言い回るバイクの運転手の声を聞きながら、足を引きずり、訪問先に向かいました。

なんとか間に合った僕に、その証券会社の役員はゴルフクラブを磨きながら、

「どうして冷や汗かいてるの?」と笑いました。結局、契約はもらえませんでした。

今考えれば、契約よりも、そのバイクの運転手から慰謝料をもらったほうがよっぽど儲かったのだけど、そのときは前しか見えていませんでした。

死に物狂いで創刊に向けて走っていたその頃、会長に呼び出され「創刊の時期を見送らないか」と打診されたこともありました。

時は2003年、イラク戦争の真っ最中でした。戦争は当然、景気も左右します。景気が悪くなると、各企業、真っ先に削るのは広告宣伝費です。継続できる以前に、創刊できるかわからない状況になりました。戦争が落ち着いてから、景気が回復するまで待って、当初予定していた創刊日をもう少し先に延ばそう、との提案でした。

賢明な判断ではあります。経営者なら誰でもそう考える。それでも、時期を延ばせば、その先、このビジネス自体が立ち消えになる可能性も出てくるかもしれない。それは僕にとっては、ありえない選択でした。


当時から一緒に戦ってくれた社員から、未だにこのときの話をされます。

「あのとき、シャチョー、なんて言ったか覚えてます?」

記憶にはないのですが、僕は「ふざけるな! テロやフセインごときに、オレらの夢、邪魔されてたまるか！」と叫んだそうです（今、時勢を無視するこんな社員がいたら、即刻クビだ・笑）。

毎日が苦境の連続。そのつど、吉田会長に「誰もやれないことに挑戦しようとしてるんだから」「誰もできなかったことをやり遂げようとしてるんだから」と叱咤激励されました。その会長とも、極度の疲れとストレスで、ぶつかったことは１度や2度じゃありませんでした。胸ぐらを掴み合って罵倒し合ったこともあった。会長職になっても吉田さんはいつも正面からぶつかってくれました。

それにしても、どうしてあそこまで頑張れたのか。多分「ここ」だと感じたのだと思います。「ここ」なんだ、と。

そのとき、大げさに言えば、それまでの29年間の人生をすべてぶつける覚悟でした。

世界は自分たちのモノだと錯覚した瀬戸内海の少年時代。今なら立派な警察沙汰の日々を過ごした中学時代。落ちこぼれた高校時代。強迫性障害が発症した10代後半から、家も職も転々として迷い続けた20代――。

人を傷つけたことも、傷つけられたことも、裏切ったことも、裏切られたことも、嫌というほど経験した。
死に目に会えなかった母のことも、幼少期に死に別れた姉のことも、教職に戻れなかった兄のことも、「わしらの代表じゃけえな」と言ってくれる幼なじみ軍団のことも、すべてを飲み込んで「行ってこい」と言ってくれた父のことも、頭をよぎっていたのかもしれません。

何より、お金も職もなかった当時から、今現在に至るまで一緒に支えてくれ、その後、妻になる、当時イーストビレッヂのワンルームで待っていてくれたひとりの女性のことも。

生まれてから死ぬまでの全行程で、自分の能力を超えて無理難題をクリアし続けることは、多分、誰にもできない。
でも「ここ」をやり遂げないと、夢が夢のまま終わってしまう。「ここ」だけは、人生を変えるためにやり遂げないと、生涯後悔することになる。
とにかく「ここ」で、すべてをぶつけようと思っていました。

人生を変えるために。

第6章

武器は走りながら拾え！

ACQUIRE TOOLS WHILE ON THE GO!

ここまでやってこられた最大の理由は、この仕事が「好き」だから。

「ステージの上だと、いつ死んでもいいと思っているので」。

「JUST DO IT!（とにかく、やろうぜ！）」

実際にスタートしないと答えなんて出ない。

行動すると、生きた情報という武器を仕入れることができる。

創刊！　MVPは通りすがりの酔っ払い

「2度目の渡航」――死ぬか、成功するかのどちらかだ、とマンハッタンを上空から見下ろしたあの日から、ちょうどピッタリ1年後の2003年9月1日、「日刊サン ニューヨーク」は創刊されました。

30歳の誕生日を迎えるちょうどピッタリ1週間前。

やっと人生が始まった気がしました。

創刊日直前の4日間は、合計で4時間も眠ってなかったと思います。隣町クイーンズの印刷所で手にした刷り上がりの「第1号」は、そこから16年経った今でも額装して自宅に飾ってあります。

刷り上がった創刊号を手に、マンハッタンに戻る地下鉄車内、精も根も尽き果て、座席にグッタリと沈むように座り込み、目を閉じました。極度の睡眠不足と、やっと、やっと、やっと完成した創刊号の重みとその達成感から、全身が脱力。このまま永遠に眠りたい……。そう思った次の瞬間、ある当然の事実を思い出し、パッと目が覚め、ガバッと跳ね上がるように立ちがりました。

え……。日刊ってことは、明日も発刊するの⁉

とにかく創刊号を当面のゴールにしていた僕は、そこより先のことをリアルに考えていなかった。前職は季刊誌だったので、３ヶ月に１回の発刊でした。その１冊より内容の質も量も濃いものを、今日発刊し、また明日発刊する。もちろん明後日も、その次の日も……。

このとき初めて、大手の新聞社のように人員も予算もない地元のローカルメディアカンパニーが、今まで日刊の無料紙に手を出さなかった理由を理解したのでした。例の経営コンサルタントの言葉が今さらながら蘇ってきます。

「よほどのバカじゃないとやれないよ」

そこからまた、崩れ落ちるように座席に座り込みました。

翌日もやることは山積みです。圧倒的人手不足なので、製作、営業に加え、配送も当初は自分たちでやりました。車一台潰すほど、ニューヨーク中に届けまくりました。

ある夜、コリアンタウンで新聞を配っていたときのこと。酔っぱらった日本の駐在員らしきサラリーマンに「よろしくお願いします」と手渡しした際、あー、これね、と爪楊枝を咥えながら、「どうせ、すぐ潰れるでしょ」と、目の前でそのままゴミ箱に投げ込まれたことがあります。

その映像は未だに脳裏に焼き付いていて、そのとき、腹を括ることができたのだと思います。

このビジネスを継続させるためには、反社会的なこと以外ならなんでもやってやろう、と。本末転倒だけど、仮に経済的に安定できなくても絶対にやり続けよう、と。

数年後、やっと落ち着き、経済的にも安定した際には、あのとき新聞を目の前で捨てたその見知らぬ彼に感謝しました。

長くやってこられた理由のひとつは、その駐在員らしき酔っ払いのおかげ。

その年の忘年会、今年一年、一緒に戦ってくれた社員ひとりひとりにお礼を言ったときも、「でも、おっさんがMVPだったよ」と、そのチャック全開だった名もないサラリーマンに心のなかでつぶやきました。

好きになった瞬間、仕事は仕事でなくなる

でも、結局、ここまでやってこられた最大の理由は、この仕事が「好き」だから。それに尽きます。

仕事を本気で好きになった瞬間、仕事は仕事でなくなります。
生活の大部分を占める時間が楽しいか、苦痛かで、人生は大きく変わる。

ハッキリ言って、ニューヨーカーは仕事好きです。見ていて異常なほどのワーカホリック。よく「日本人は勤勉で、アメリカ人は働かない」と言われますが、こっちで働いてみて、それがまったくのデタラメだということを知りました。彼らはただ「サービス残業」をしないだけ。報酬が約束されれば日本人以上に勤勉です。尋常じゃないほど、仕事を愛する。それが成功する最低かつ最高条件だと、日米トップランナー１０００人に取材してきた僕は確信します。

ひょっとすると、偉業を成し遂げた彼らと、一般人との一番の違う点はそこかもしれません。当たり前だけど、その１０００人のなかで、多趣味を自慢する人はひとりもいませんでした。全員が、仕事を心から愛していた。趣味なんかより本業の

ほうが1000倍楽しいと思っている人たちでした。

いや、たったひとりだけいます。

リリー・フランキーさんだけが「オレ、仕事キライなんだよ。オナニーのほうが楽しいもん」と真顔で語っていました(笑)。でも、そのリリーさんですら「ほら、職場にいるでしょ、仕事が好きで好きでしょうがないって感じのうっとおしいヤツ。そんなヤツらには絶対、勝てねえもん」とも言っていました。これまた真顔でした。

X JAPANのYOSHIKIさんには今までで4度、インタビューをしました。その1回目、コンサートで数千人のニューヨーカーを熱狂させた翌日、取材が終盤に差し掛かった頃、当初、訊こうか訊くまいか迷っていた質問をぶつけてみました。

甲状腺肥大、ならびに甲状腺機能亢進症。当時ニュースにもなっていた体調不良の深刻さは、かなり近しい関係者から「本当にヤバいかもしれない」と聞かされていました。命がけになるかもしれなかった演奏について訊くと、彼はサラッと答えました。

「ステージの上だと、いつ死んでもいいと思っているので」

……あ、この人、本気で言ってる。その時点で、数百のインタビューを重ねてきた僕には、そのくらいわかる。

その言葉が、心の底から出た言葉なのか。それとも、用意された言葉なのかが。

ＹＯＳＨＩＫＩさんのこの言葉は、取材用に用意されたフレーズなんかじゃない。あまりに真実の言葉、でした。

目の前で、音楽のためなら、死んでもいいと言った男の言葉が収録されたレコーダーの音声を、僕は未だに消せないでいます。

ＸＪＡＰＡＮという希代のバンドが他と一線を画す理由が、このときわかった気がします。文字通り、仕事を命がけで愛せば、数万人だって魅了することができる。さすがにここまでは無理かもしれませんが、自分の仕事に本気で愛情を注ぐ人は周囲をも魅了できるはずです。

逆に、好きな仕事じゃないと、命がけになんてなれない。当たり前だけど。

今、もしあなたが好きな仕事に就いていないなら……やっぱり、僕は転職を勧めます。当然、事情があって、そんな簡単に転職できないなら、せめて社内での仕事内容を好きになれるよう変えてみよう。

どんな職種だって、やり方次第で、自分なりのアウトプットができるはず。

「前例がない」なら、あなたが前例になればいい。

上司から「そんな余計なことしなくていい」と言われたときこそ真剣に転職を考えるタイミングかもしれません。

でも多分、本気のあなたの姿勢はそんな上司さえも変えられる。

「好き」という感情が最大の武器になる

昨年（２０１８年）の日本での講演会ツアーでのこと。福岡―大阪―名古屋―箱根と４日間連続、まったく違う会場でまったく同じ質問を来場者から受けたとき、日本って、なんだかんだいってもやはりインテリ大国だなぁと思わされました。

「ＡＩ産業は今後どうなると思いますか？　欧米では日本以上に仮想通貨市場は成長していますか？」

時代の先を読み、経済の動向にみんなが注目している。

僕は、「世界的に見ても、〝そちら〟に流れていることは明白だと思います。ニューヨークでも多くの企業が積極的に導入していて、個人投資家はほぼ所有している傾向にあります」という、毒にも薬にもならないアホ丸出しの解答しかできませんでした。目新しさもない、誰でも知っている情報です。

当たり障りのない解答をしつつ、なんとなくの違和感をツアー中、ずっと感じ、抱えていました。明確な言葉にできない違和感を。

そしてニューヨークに戻ってきて、ふと思い出します。同じツアー中、大阪でまったく違う質問をしてくれたひとりの女の子のことを。

彼女は、僕の関西方面での講演会、セミナーにいつも顔を出してくれていて、服装から見ても、メタル系のバンド好き、ということが一目瞭然。毎回メタル系バンドのCDやTシャツをプレゼントしてくれます。おっさんはよくわからないまま、ありがたく頂戴しています。

彼女には、大好きなブリティッシュ系のロックバンドがいて、あまりに好きで「将来イギリスに行きたい、現場の音楽業界で働きたい！」と話してくれました。

そんな彼女に対しては、「現在、経済的に不安定な国の、しかも、安定しているとは言い難い業界への就職は避けるべきだよね。君の将来のために」というアドバイスが範囲解答かとは思います。でも、無責任な僕の答えは、「いいじゃん！　行ってこいよ♪　YouTube で見るより、生でライブ体感したら、シビれるぞ！」でした。

個人が行動することの大前提として「ワクワクする」とか「楽しそう」という要素はとてつもなく大きいんじゃないかと感じるからです。

それに「経済発展国」＋「成長産業」＝「チャンス！」っていう、単純一次方程式は、メディアで誰もが目にできる常識（？）。そこに特別な希少価値はもうないのかもしれません。

事実、僕たちが学生だった１９９０年代、「これからはＩＴ産業だよ！」と言われ続け、そして実際にそうなった。そして今、毎週のように、職に溢れたＩＴプログラマーやウエブデザイナーが、うちの会社へ面接に来ます。「働き口がない」と。当たり前のことですが、メディアの煽《あお》りを受けて、世界経済の動向通り、みんながそっちに流れたら、飽和状態にもなります。それでも、「好きだ」という感情があれば幸せです。自分で好きで選んだのであれば、なんとかサバイブできる。

企業であれば、事業や投資のため、時代の流れを読み取ることはもちろん必須です。でも個人であれば、それ以上に好きかどうか、やりたいと本気で思っているかどうかを判断基準にしたほうがいい。

僕自身、未だに仕事のベースになっているのは「憧れのニューヨーク！　で、人といっぱい会えるマスコミ業！」っていうバカな陶酔だけ。

そして、それが、誇っていい正解だと思っています。

泳げるようなるためには、溺れなきゃ

プールサイドでクロールのハウツー本をいくら読み続けても、泳げるようにはならない。そこにプールがあるなら飛び込んだほうが早い。溺れるかもしれない状況なら犬かきでもなんでも必死で泳ぐ。そうやって覚えていく。

世界１２０ヶ国以上で日本初の英語落語を公演する桂《かつら》小《こ》春團治《はるだんじ》師匠に、国によって違う〝笑いのツボ〟をどうやって把握するのですか、と訊いたとき、師匠はこう答えました。

「そんなん、把握できるわけがないやん（笑）。イランの女子高生とハンガリーの労

働階級者のツボの遠いなんてわかるわけがないです。本番中にさぐりさぐりやりながらわかっていく感じですね」。そして、こう続けました。

「でも、次（公演で）来たときは、確実に笑いを取れます」と。本番、それ自体を練習台にして洗練させていく師匠の落語は、ただ単に翻訳するだけの落語とはモノが違うわけです。


僕が初めてアメリカ人の話す英語を明確に聞き取ることができたのは、最初のスカイダイビングのときでした。

日本のような丁寧な事前説明もほとんどなく、すでに飛行機内、上空15000フィート、インストラクターのお兄ちゃんが簡単な注意事項を説明してきます。背中に張りつかれた状態で、飛び立つ直前の耳元で、です。すでに扉が開いて風の音がかなりうるさいなか、そこそこの早口で話すブロークンイングリッシュを、このときばかりは一言一句もらさず聞き取れました。

命が懸かれば、外国語なんてクリアできる（スカイダイビングを兼ねた英会話教室って、儲かるんじゃないかな。あとは英語の説明書を読解しないと装着できない安全ベルト付きジェットコースターとか）。

外国からのお客さんが多い築地（豊洲）の板前さんは、みなさん英語が話せると聞きます。必要であれば上達しないわけにはいかない。

だから、前述した日本からインターンとして働きに来た子たちにも、研修もそこそこにすぐさま現地のニューヨーカー相手に、営業電話をさせます。

「え！　今からですか⁉　もう今日からですか⁉」

彼らは、日本でＴＯＥＩＣだの、ＴＯＥＦＬだのを取得してきているにもかかわらず、一様に戸惑います。「心の準備が」とか「まだ現地のニューヨーカーとはしゃべってないんです」と言われても関係ない。

すると最初は戸惑うものの、すぐに彼らは慣れてきて、楽しそうに話し始めます。カタコト英語のまま「イエス！　イエス！　サンキュー！　プリーズ、ギブミー、ア、クレジットカード、バンゴー！　あ、バンゴーって日本語だ、キャハハ！」とか笑いながら。

ＴＯＥＩＣで満点、ハーバード流交渉術を身につけ、ＭＢＡを取得した、感じの悪い営業マンと、カタコト英語でも一生懸命何かを伝えようとする愛嬌ある営業マンであれば、契約を取れるのは間違いなく後者。

それはニューヨーカーであれ、何人であれ、万国共通です。

照れや恥を乗り越えて得たスキルこそが、あなたの本物の武器になる。

行動で得た情報こそが本物

今や、情報は無料の時代。あらゆる情報はネットから簡単に入手できます。

でもその情報は当然、誰にでも入手可能。不特定多数がアクセスできるモノはそれだけ希少価値がなくなります。

行動すれば、人と会うことにより、その人だけからの有益な情報が手に入る。

特にうちの会社の場合は、ルートセールスではなく、あらゆる業種の広告営業。ニューヨークのあらゆる業界のトップと会い、直接業界の現状を聞くことができます。そこでよく耳にするのは「ネット上では、こう流れているけれど、実際は……」という枕詞。つまり、オンタイムのリアルで有益な情報はネットには載ってない場合もあるということ。

現場で得る情報はクオリティが高い。希少価値があって実用的なのは、今、その場で現場のトップから聞いた情報なはずです。

ただ、「それだと時間的に効率が悪い」と言われるかもしれません。確かに簡易的な情報であれば机の前でクリックすれば数秒で済みます。だとしても、たとえば、会計、税務の体系的な知識などはまるまる本１冊を読破する必要があります。

それより、会計士の先生と食事をしながらニューヨークの現状を反映した節税の情報を聞くほうが早い。

僕は税務のプロになりたいわけではないので、本に書かれているような普遍的な情報は必要ない。現在のうちの会社用にカスタマイズされた情報だけがほしい。当然だけれども、それは書籍にもネットにも載っていない。

だとすると、実はネットや書籍を熟読するよりも、行動したほうが「時間的なコスパ」がいい場合もあります。

うちの広告営業スタッフにも、なるべく直接訪問を心がけるように伝えています。今の時代、逆行した考えではありません。いちいち会いに行くなんて、時間的に効率が悪いと叩かれるかもしれない。確かに、相手に時間を取ってもらうことを考えると、まずはメールでお伺いを立てるほうが理に適ってはいます。

それでも、市場に出れば顔をまず覚えてもらえます。それに訪問先で断られたとして、そこを出て、右隣に新規の美容院がオープンしていることに気がつくかもしれない。左隣に見込みのありそうなスパを発見するかもしれない。それも、ネットには載ってない。

極端に言えば、帰り道、新規オープンしたお店を発見して飛び込むことだってできる。社内に閉じ込もっているだけでは、このフロックは生まれません。

行動すると、生きた情報という武器を仕入れることができるのです。

走りながら得る本物の武器

ユニクロの北米1号店がマンハッタンにオープンした2010年、(株)パワーリフティングの柳井会長にインタビューしたときのことです。五番街という世界最大のブランドストリートで勝負に出ることに「勝算はありますか」と訊ねた際、柳井正氏はこう答えました。

「結局ね、実際にスタートしないと答えなんて出ないんです。経営コンサルタントにバカ高いフィーを払ったところで、有能な会計士に相談したところで、どこまでいっても予測でしかない。答えを知りたかったら、打って出るしかない。一番大切なのはスタートすること。あとはマイナーチェンジしながら、調整すればいい」

世界最高額のレント（賃貸料）と運営費がかかる場所で巨大店をオープンする勝算は、考えても考えても答えが出てくるものではない。スタートする前に、入念に武器を用意することは大切だけれども、どこまでも予測でしかない。

日本を代表する事業家でさえそうなのだから、僕のような零細企業の経営者はなおさらだなと頷いたのを覚えています。

僕の場合、そもそも最初の起業からして、経験も知識も圧倒的に準備不足なまま、手探りで始めた完全見切り発車。記憶が飛ぶほど過酷だったけれど、実践のなかで武器を集めてきた結果が今に繋がっています。

いざ打って出てみたら、ひょっとすると今の手持ちの武器でこと足りるかもしれない。通用しなくて、ボコボコにされても、恥をかいても、そこから得たスキルこそ本物。先の人生において、本当の意味で自分を助けてくれる武器となる。

たとえ失敗したとしても、次のチャレンジに向けて、より具体的でより実践的な教訓やアイデアを得ているはず。そこから調整していけばいい。

僕がこの世で最も敬愛する、一般社団法人倫理研究所の丸山敏秋理事長とお食事をご一緒したときのこと。

理事長はお会いする度に、必ず一冊のおすすめの書籍をプレゼントしてくださいます。その一冊『小さなことから会社は変わる 「倫理経営」のすすめ』（ＰＨＰ研究所）に出てくるある一節で、どうしても理解できない箇所がありました。いや、頭では理解できる。腑にも落ちるけれど、心から理解しているとは自分でも言い難い。

「なので、とりあえず、実践してみることにしました」

そう話すと、理事長は「それでいいんだよ」とにっこり微笑んでくださいました。

「やっていくうちに理解できることもある。やっていって初めて本当の意味で理解できることのほうが、この世の中多いかもしれない。一番よくないのは、わかったような気になって、一切、実践しないことかもしれないね」と。

実体験だけが、本物の糧になる。

理事長がそうお話してくださって以降、どこかのスポーツ用品メーカーのキャッチフレーズじゃないけれど、「JUST DO IT!（とにかく、やろうぜ！）」が僕のなかの合言葉になりました。

あらゆる葛藤や、躊躇や、心配は、この一言で片づけられる。

第7章

空気は読むな！

GO AGAINST THE PUBLIC OPINION!

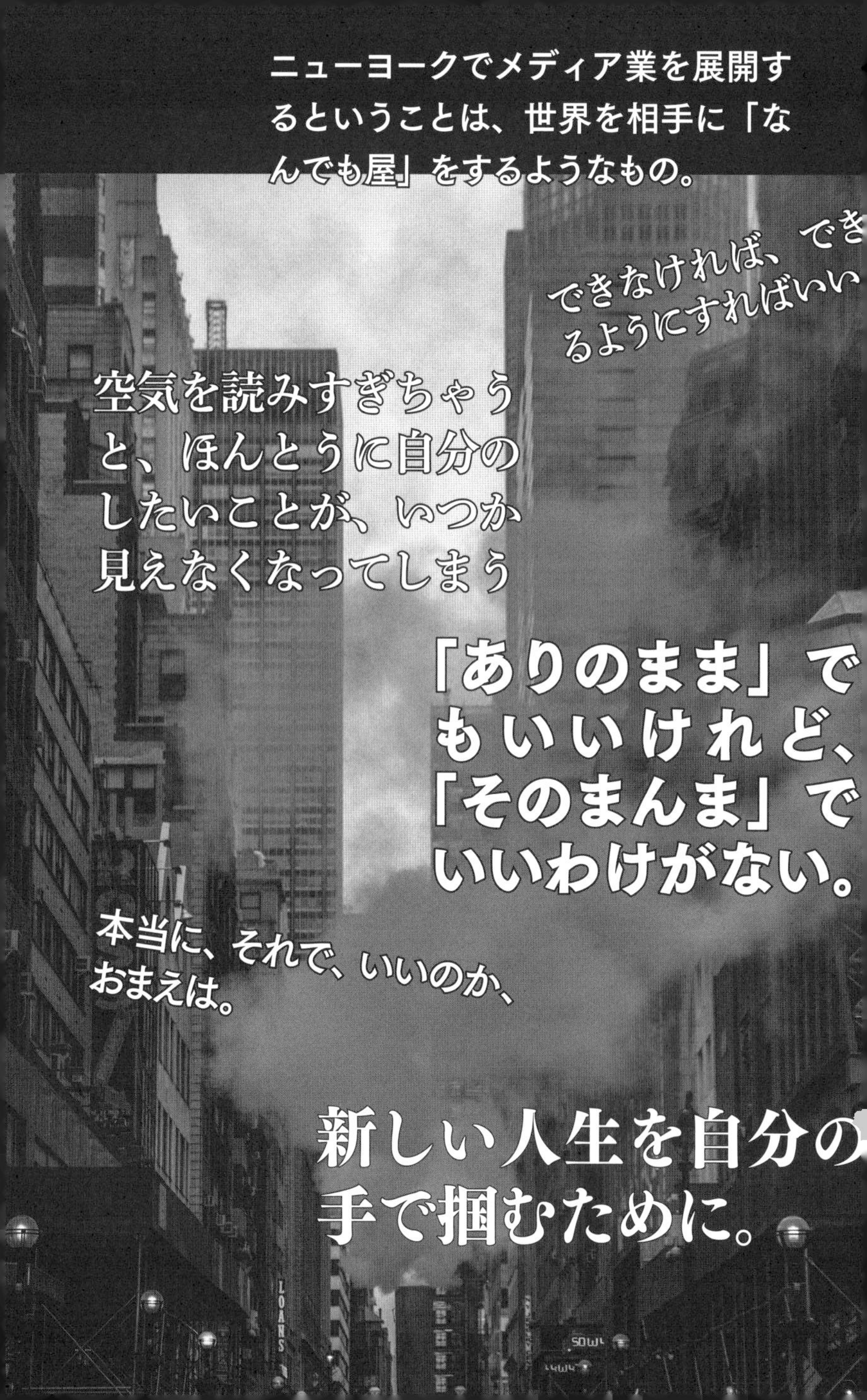
ニューヨークでメディア業を展開するということは、世界を相手に「なんでも屋」をするようなもの。
できなければ、できるようにすればいい
空気を読みすぎちゃうと、ほんとうに自分のしたいことが、いつか見えなくなってしまう
「ありのまま」でもいいけれど、「そのまんま」でいいわけがない。
本当に、それで、いいのか、おまえは。
新しい人生を自分の手で掴むために。

ガイドブックにはない、自分だけのパワースポット

創刊から一年後には、北米東海岸エリアの日本人では知らない人がいないほど媒体はブレイクしました。

広告売上も発刊部数も、うなぎ上りに伸び、当初5人だったスタッフは2008年のピーク時には27人体制にまで成長。今のようなネット上でのニュースサイトがまだ確立されていない時代です。

平日は業務でまったく時間が取れず、新入社員面接は週末に朝から晩までまとめてやりました。創刊から数年間は休みなんてほぼなかったけれど、言葉でいい表せないほど充実した日々が待っていました。

広告営業では、ニューヨーク中のあらゆる業種にリーチします。不動産、航空、通信、旅行、人材派遣、学校、病院、メーカー、弁護士、会計士、そしてレストランや美容院までのあらゆるリテールショップ、社団法人から宗教団体、政府機関から結婚相談所に至るまで、宣伝、スタッフ募集、イベント告知を必要としていない企業・団体はほぼ、ありません。

つまり、ニューヨークでメディア業を展開するということは、世界を相手に「な

んでも屋」をするようなもの。

ウォール・ストリートの全米ビッグ５に入る大手証券会社のアメリカ人ＣＥＯと商談した帰り道、イーストビレッジの焼き鳥屋の大将と日本語メニューを考え、５番街にオフィスを構えるユダヤ系弁護士とミーティングした直後に、チャイナタウンのマッサージ店で英語の怪しい中国人のおばちゃんと新しいキャンペーンを考える……。

カリブ海に浮かぶ聞いたこともない小国の観光局から、日本人観光客を増やしたいと依頼がくるかたわら、インドの大聖者からマンハッタンでのイベント開催の相談がくる。日本人の彼女を募集したいイギリス人男性や、日本人のパトロンを探しているイタリア人画家など、個人クライアントも珍しくありません。

取材では、世界各国から進出してきたなんらかのイベントが３６５日開催される、世界一イベントの多いこの街の最先端に、最前線で入って行きます。

そのすべてに「世界最大の」という枕詞がつくハロウィン、ゲイ、セントパトリック、プエルトリカン、ドミニカン他すべてのパレードも、沿道ではなく渦中で取材することになります。

そして、エンパイアーステートビルの新しい展望台、ブロードウェイ・ミュージカルの新作、アポロシアターのアマチュアナイト、ニューヨークヤンキースのロッカールーム、トライベッカにオープンしたレストランなどにプレスとして呼ばれ続ける日々です。

早朝スカイダイビングの体験取材と、国連大使とのランチと、ニューヨーク公演中のモーニング娘。とのインタビューと、マフィアが主催する深夜の違法賭けボクシングの潜入取材が同じ1日だったこともありました。

そして、大晦日のタイムズスクエアカウントダウン――。

すべてのきっかけを作ってくれた世界一有名なセレモニーに僕は15年連続取材に行っています。

あの、年が明ける瞬間にミラーボールが落ち、100万人が歓声を上げ、フランク・シナトラの「New York, New York」が流れ、一面紙吹雪のなか、見ず知らずのニューヨーカーたちとハグするあの空間が持つ圧倒的な感動は、幾千の言葉を使っても言い表せません。

たしかに大半が観光客のなか、〝あそこに本物のニューヨーカーはいない〟といわれているけれど、あまりの人の多さに、うちの社員たちは「一度、経験したから、もう十分です」と取材に行きたがらないけれど、僕はこの街にいる限り、行き続けるつもりです。あの、大阪の歯医者の待合室で、手に取った雑誌を見ていた自分を思い出せるから。年明けとともにリセットして、この街で「明日もまた生きるぞ」と思えるから。

神秘的な力が宿る、縁起のいい、パワースポット巡りが日本では流行りました。でも、自分だけのパワースポットは、それ以上の力になります。

あなたにも、あなただけのパワースポットがあるはずです。

空気読むのをヤメたんです、と笑った芸人さん

キングコング・西野亮廣さんに2度インタビューをしました。

いずれもニューヨークで個展が開催されたときのことです。会うまでは、特別ファンでもありませんでした。

西野さんは自身が作品に描いたレンガの質感を説明するのに、実際にその場で床を手でペタペタ触り「こんな感じで、感触を大切にして」と一生懸命に話してくれて、作品に対する愛が伝わってきました。

当時はＳＮＳで炎上することも珍しくない、歯に衣着せぬその芸風について訊ね

た際、彼ははにかみながらこう言いました。

「空気読むの、ヤメたんです。やりたいことを逆算したら、そんな時間はないってことに気づいて」

その一言で僕は一気に西野さんのファンになりました。

そう、空気を読むのは時として、社会的に必要なことかもしれないけれど、やりたいことより優先させる必要はない。

アントニオ猪木さんにインタビューした際も同じでした。

「空気を読んでるうちはデカイことできねえって、ムフフフ」と笑いました。「周囲の目を気にしてデカイことしたヤツなんていないよ」と。そして、こうも付け加えました。

「男の人生、敵のひとりやふたりいなくてどうするの」と。

ドラマや映画の主人公のような峻烈な人生であればあるほど、ライバルも敵も存在する。陰口を叩くエキストラレベルの小悪党もいる。

勇気を持って、KYになろう。後ろ指をさされる勇気を持てたら、そのときこそ、やりたいことを優先できる。いや、やりたいことを優先していけば、後ろ指さされることが気にならなくなっていくのかもしれません。

考えてみればニューヨーカーは市民総ＫＹ。まず、〝空気を読む〟という言葉自体が存在しない。〝ＫＹ〟なんていうニュアンスの言葉が流行語になる今の日本でいきなり「空気を読まない人間になれ」と言われても無理があるのはわかります。「おまえはニューヨークに住んでいるからいいけれど」と言われたら、返す言葉もない。

日本だと周囲に歩調を合わせて自分を抑えることも間違いなく重要です。ないがしろにはできない。でも、空気を読んで周囲の顔色を伺うことが、自分のやりたいことよりも上に行っては、絶対にいけない。

空気を読みすぎちゃうと、ほんとうに自分のしたいことが、いつか見えなくなってしまうから。

好かれたい人にこそ、イエスマンになるな

大企業の会長や、業界のトップなど実績を出している方々と直接会うのを仕事に

している僕は、そんな人たちほど、実は、イエスマンを求めてないことを知らされます。イエスマンになったところで、その人たちはさして喜ばない。イエスマンには慣れている。彼らはゴキゲンとりをしていることを見抜きます。そうなったら、逆にもう信用してもらえない。

特にニューヨーカーはその傾向が強く、会議でも反対意見を言わないスタッフは聞いてないか、寝ているか、参加していないと見なされます。

以前、日本の某有名大学の教授に取材したときのこと。

「授業中、いつも私に向かって反論ばかりする生徒がいるんです。彼は単位が欲しくないのかね」とボヤきました。たまたま同じ月にCUNY（ニューヨーク市立大学）のアメリカ人教授と食事をする機会があったとき、彼は「日本人学生はおとなしすぎて困る。教授に反対意見がないと授業に出席したとは言えないから、単位を渡しづらい」と嘆きました。

本物のトップの人ほど、反対意見を歓迎します。ディベートは否定ではないと知っている。それが言いがかりや当てこすりでなく、真に疑問に思うところから出発している反対意見であれば、凄い人ほどどこかでちょっと嬉しそうな顔をする。面白いじゃないか、と。

なので、もし好かれたい、こちらのことを覚えてもらいたい人がいるなら、その人の反目に回ってみよう。

あえて、その人に対し、反対意見をぶつけてみる（もちろん、言いがかりや当てこすりはアウト）。

それでもし嫌われたら？　所詮、その人は、反対意見を聞き入れない、イエスマン好きと言うこと。あなたがついて行くべき相手ではないというだけの話です。

ライフワークの誕生

２０１０年の9月1日、それまでの〝雇われ社長〟ではなく、完全オーナーとして、僕は北米版新聞「ニューヨークＢＩＺ」を立ち上げました。

前職の日刊紙を創業してからピッタリ7年。

それまで二人三脚で走り抜けた吉田会長と袂《たもと》を分かつ形になりました。

雇われ社長としてではなく、本物のビジネスオーナーとしてメディア業を展開していきたくなったのか、30代も後半に差し掛かりビジネス色の強い媒体を作りたくなったのか、ローカル紙ではなく全米版の新聞で勝負したくなったのか、おそらくそのすべてだったのか。

二人の共通の知り合いから「おまえも、吉田もジャイアンやからなぁ。お互いスネ夫にゃなれんわな」と言われたことが一番的確な理由だったのかもしれません。ただ「同業他紙」となった今でも吉田社長とは、定期的にランチし、相談に乗ってくれる関係です。

ビジネス系の媒体を発刊したことで、取材対象も、読者ターゲットも、広告マーケットも劇的に変わりました。

何より、日米あらゆる業界のトップに取材する「発行人インタビュー・ガチ！」は僕の代名詞となり、本体の「ニューヨークＢＩＺ」よりもメジャーになり、ＷＥＢ版（https://nybiz.nyc/gachi/）は日本で最多アクセスを誇るインタビューサイトにまで成長してくれました。

歴史上の偉人ではなく、現在進行形で成功している日米のトッププランナーと対面し、１対１でじっくりと、リアルな言葉を聞き出すことがコンセプト。嫌われたってかまわない。読者が訊きたい、トップの本音を訊き出そう。大手新聞社やテレビ局ではできない、忖度なしの質問を僕はできる立場にいる。——そして、スーパーセレブにも大企業の社長に対しても、世間ではＮＧと思われているようなこと、本人が嫌がりそうなこともその場で投げかけます。それでも、これまで怒られたことはありません。空気を読まないガチンコ勝負に、大物だからこそ、真摯に応えてくれます。

　誰よりも僕自身が、予定調和な答えなんて訊きたくない。彼らの情熱や本音に、新鮮な気持ちで僕自身が感動したい。

　記事に仕上げるときは、読者がその場に立ち会っているような臨場感を優先に書いています。うちの新聞がメジャーかマイナーかは関係ない。僕は僕が訊いた言葉で読者全員をノックアウトしたい。

「ガチ！」で僕が編んだ言葉は、読者と同時に僕自身の人生を支える、代え難い財産になりました。

　これも、ニューヨークがもたらしてくれたギフトだと思っています。

正論か、心が痺れる人生か

　新聞発刊、ニュースサイト運営と同時に、現在、僕の会社ではメディアコンプレックス業として、毎月のように新しく日本から来たクライアントのイベントコーディネート業も展開しています。人生論セミナーの講師、自己啓発本作家、宗教家の方々のセミナーやトークショーの主催なども手がけています。

当然、主催するからには、その方々の著作に目を通し、何度も打ち合わせをします。事前の告知記事用のインタビューでは、僕を通し多くの読者に届くことになるので、彼らはセミナーの本番さながら真剣にその教え、真髄、方法論をお話ししてくださいます。

この15年間、毎月のように、それらの方々とお会いし、誰よりもそれらの方々の言葉を聞き続けてきました。とても素晴らしい方ばかりで、当然ですが、僕なんかよりはるかに知識人で、教養があって、人生経験が豊富な方ばかり。みなさん表現方法は違えど、根底では繋がっているような、人生の真理をお話してくださいます。

「人は存在するだけで素晴らしい。他人と比べても意味がありません」
「欲求は欲求を生み、不幸の連鎖にしかならない。競争では何も解決しません。もっと、もっとと高望みする前に、今できることで花を咲かせましょう」
「ナンバーワンになんか、ならなくてもいいのです。みなさんはすでにこの世で特別な存在。オンリーワンなのです」

どの言葉も、どう考えても１００％の正論で、とても勉強になります。

ただその一方で、たまたま僕はニューヨークに住んでいる。

そしてニューヨーカーは、日本の人が考えている以上に、闘っている。

「もともと特別なオンリーワン？　知ってるよ。いいからとりあえずナンバーワンを目指そうぜ」

そんな人種の集まりです。そして僕は、彼らと日々ぶつかる仕事をしています。

ニューヨーカーで、「１００％の正論」を語る人は、実はあまりいません。たとえ争いになっても、戦わないと生きていけない街でもあります。だからいつだって、彼らは高望みをします。


自分自身のために、家族のために、新しい人生を自分の手で掴むために。


もうひとつ、これもたまたま僕は、先述した「ガチ！」というインタビューコーナーで、日米のトップを現在進行形で走っているランナーたちに、１対１で話を訊いてきている。

世界記録を更新したメジャーリーガーの、オリンピックのゴールドメダリストの、NASAの宇宙パイロットの、世界進出しているNASDAQ上場企業の会長の、世界的な賞を受賞し続ける建築家の、世界の殿堂入りジャズミュージシャンの話を訊いてきました。これらの方々も、ニューヨーカーと同じく、「正論」ばかりではありませんでした。むしろ、不幸の連鎖にもなりかねない勝負を、戦いを、競争を、生涯を通じてやってきている人たちばかりでした。

僕は、右耳で「１００％の正論」である人生の真理を誰よりも多く聞いてきた。同時に左耳では誰より、「現在進行形で戦っている、挑戦している、行動している人の言葉」を聞いてきた。

くどいようですが、どちらが正しいかといえば、間違いなく、右耳から聞いたほうです。間違いない。

でも、心から痺れるのは、いつもなぜか、左耳で聞いた言葉のほうでした。正しくないかもしれない言葉、のほうでした。

そんな僕なので、あえてここでは〝間違ったこと〟を言います。

行動しよう。勝負してみよう。もっと、もっとと高望みしてみよう。
できることだけをやるのではなく、やりたいことをできる自分になってみよう。
今いる場所だけじゃなく、行きたいところに行ってみよう。
会ったことのない自分に会ってみよう。

欲求が欲求を生むなら、それも叶える覚悟を持てばいい。

「ありのまま」でもいいけれど、「そのまんま」でいいわけがない。

負けたっていい。また立ち上がればいい。

オンリーワンなんて耳障りのいい言葉に誤魔化されるな。とりあえずは、ナンバーワンを目指そうぜ。

どうなるかなんて誰にもわからない。

人生は、戦いなんだから。


批判覚悟で書いています。でもやっぱり、僕の言いたいことは変わらない。

「いまあなたがやれることを一生懸命やりましょう」と言うのも、素晴らしい考えだと思うし、賛成します。でも僕には「やれること」なんて大してない。僕のできる範囲でやれることをやったとしてもタカが知れている。僕は自分がやれることだけをやって済ますわけにはいかない。自分がやりたいことを先に掲げ、多少無理してでも、背伸びをしてでも、実現させる人生でありたい。

そこから、戦おう

では、僕が右耳で聞いた言葉を発した方々と、左耳で聞いた言葉を放った人たちは、根本的に違うことを言っているのでしょうか。一周回って実は、同じことなのではないだろうか、とも思うのです。

右耳の方々は、現代社会の疲れた人たちの多くを救ってきました。潰れる前に、取り返しがつかなくなる前に、癒してきました。それは、多分、また明日から、笑顔で、元気に、頑張るために。

ベストセラー作家である、心理学者の心屋仁之助先生のニューヨークトークショーのお手伝いをさせてもらったことがあります。ミュージカルや、ステーキハウスもご一緒した先生とのプライベートな時間もとても楽しく、とても気さくな人柄は、そこにいるだけで、その場が和んでいくような、本当に魅力的な方でした。

事実、トークショーの会場では、多くの観客がその場で癒されていくのが、手に取るようにわかりました。

もう十分、頑張ってきたね。もう、頑張りすぎなくていいよ。

先生のその言葉にどれだけ多くの人が救われてきたか。

実際に僕も、先生のステージに心打たれたひとりです。たまたま、その時期、5つの大きなプロジェクトを同時進行していました。

ひとつだけでも計り知れないプレッシャーが5つ。極度の睡眠不足も加わり、精神的にもギブアップ寸前でした。

先生のステージを見て、もう解放されてもいいんじゃないかな、そう思い始めていました。

同時にある原稿の執筆も控えていて、いつものACEホテルに1週間、缶詰になって原稿を書いている時期でもありました。

ちょうど、滞在の真ん中の日の夜。ホテルの一室で、ふと、ノートパソコンの壁紙にしていた、娘と、息子と、愛犬の写真がこちらに微笑んできます。

急激に2人と1匹に会いたくなる。忙しすぎて、最近まともに会っていない。人生の大切な時間を、こんな勝負ごとに費やしている場合じゃない。

もうすべてを投げ出して、家に帰ろう。

僕はラップトップを閉じて、荷物をまとめ、その場で自宅に電話しました。

電話に出た妻に「チェックアウトまで3日残ってるけれど、もう帰るよ」と告げると、妻は何も聞かず、「おつかれさま。待ってるよ」と答えてきました。パパ帰ってくるってー！　と妻が伝えると「わーい！　起きて待ってるー♪」と喜ぶ3歳の双子の叫び声が漏れてきたとき、僕は今まで何をやってたんだと、泣き笑いになりました。

受付でチェックアウトをする際、いつものお姉さんに「残りの宿泊料金は返金できないけど、大丈夫？」と訊かれたときも、笑顔で「そんなものは、もうどうでもいいんだ」と答えていました。

1週間分の着替えが入ったスーツケースを転がしつつ、自宅まで20分の距離を帰る足取りは軽かった。

もう十分頑張った。最初から無理があったんだ。これからは家族のためにもっと時間を使おう。今まで間違えていた。限界までやってきたんだから、恥じることは何もない……と。

ちょうど家までの道のりの半分くらいまで来たときだったと思います。

なぜか、急激に、悲しくなり、立ち止まる。自分の限界がここまでだ、と認識したとき、悔しいとか、ショックというより、異様に悲しくなりました。40過ぎたおっさんが、せんちめんたるに、パークアベニューの夜道に佇んでいる(笑)。

本当に、それで、いいのか、おまえは、と。

誰かのために頑張っていたわけじゃなかった。全部、自分のためだった。

次の瞬間、僕はまた、自宅に電話していました。

「やっぱり、もうちょっとだけ、やってみるよ」

そう話す僕に、すべてを理解したのか、妻はまた何も訊かず「わかった。無理しないでね」とだけ返してきました。ちょうど寝かしつけていたところで、テンションマックスにされちゃった子どもたちをどうするのよ！　とだけ、笑いながら付け加えて。

さっきまでスキップしてきた道をまた戻ります。受付のお姉さんは「もう！　コンピュータ処理しちゃったじゃない！」と怒りつつもまたチェックインさせてくれました。

再び、ラップトップに向かいます。2人と1匹はまた、こっちに向いて、笑ってくれている。

あのまま帰っていたら、やっぱり後悔していた。やっぱりこっちでいい。

この一連の行為を、それこそ心屋先生は、間違っている、と非難するでしょうか。

僕は思うのです。

もし、僕が、「仁さん、やっぱ、オレ、もちょっと頑張ってみようかなって……」と言ったとしたなら。

言葉が終わらないうちに、「ええやん。頑張りたいなら、それはそれで、ええことやん」そう、にっこり笑ってくれるんじゃないかと。

右耳の方たちも、頑張ることを否定しているわけじゃない。

無理をしないでね、と言ってくれる人がいるから、本当に、無理をしないのか。

無理をしないでね、と言ってくれる人がいるから、僕は多少の無理ができると思っている。

不可能なことを可能にした人の行動力

「今まで取材したなかで、一番カッコよかった人は誰ですか？」。そう人に訊かれるたびに、頭に浮かぶ人がいます。すでに他界されているから、あえて名前を出しているると思われるのが嫌なくらい魅力的な方でした。

２０１５年に、54歳の若さで亡くなられた、俳優の今井雅之さんに、僕は3度インタビューしました。

生前の彼のライフワークは、アメリカ人にひとりでも多く「悪いのは戦争で、特攻隊として散った英霊たちではないんだ」と知ってもらうため、北米各所で、神風特攻隊のふたりを主人公にした舞台を上演し続けることでした。『THE WINDS OF GOD』は今井さんご自身が原作、脚本、監督、主演を務めた作品です。

ただ、舞台だとどうしても、観る人間の数が限られているので、関係者に「不特定多数に届けるため、映画にしたほうがいい」と勧められ、映画化することに。でも演じることはできても、映画を製作したことはありません。何もわからないところからスタートしたそうです。

「映画化にあたって、具体的にどうされたんですか」と訊く僕に、

「何もわかんないからさ……だから、とりあえず製作してみた」と今井さん。

字幕を目で追うことに慣れてないアメリカ人は、特定の映画ファンしか外国映画を観ません。その時点で観客を限定してしまうことになるので、急きょ、全編英語劇に変更することに。

「でも、今井さん、英語しゃべれないじゃないですか」と訊くと「そう！　大変だったよ！　だから……しゃべれるようにした」と笑いました。

「配給会社はどうされたんですか？」

「知らないからさ！　だから、とりあえず、配給してもらうとこを探したよ」

「集客宣伝はどうされたんですか？」

「まったくわかんないじゃない！　だから、とりあえず、みんなに来てもらってさ」

——インタビューとしては、あきらかに変です。具体的な方法を訊ねても、とりあえず、「やってみたよ」「できるようにしたよ」ばかり。

でもおそらく、不可能な何かをクリアした人のそのやり方って、こういう感じなんだと思います。

できなければ、できるようにすればいい。

考えてみれば、「成せば成る」ってすごいことわざだと思います。

だって「成しちゃった」ら「成る」んだから。

「成す」ように「成しちゃった」ら、「成る」に決まっている。禅問答のように聞こえるかもしれませんが、幾千の成功本も結局は、この言葉に集約されるのではないでしょうか。

今井さんはそれを地でやったにすぎない。

目的とゴールが明確なのだから、その過程は重要ではないし、なんなら忘れてしまっていい。ひとりでも多くのアメリカ人に英霊たちの志を理解してもらえるのであれば、その過程の膨大な努力は、今となってはどうでもいい。

「海外で起業して利益を出すためにはどうすればいいですか」

「北米の事業進出を成功させるためには何をすればいいですか」

僕が最近、人によく訊かれるこれらの質問も、具体的な方法論を知りたがっているのは理解できます。アメリカ人のニーズ、マーケットの大きさ、信頼できるパートナー、貿易約款の留意点、等々……。

でも、(口には出さなくても)僕の本音は、「利益を出せばいい」「成功させればいい」。至って真面目に答えています。東大に合格する絶対唯一の方法は東大に合格すること。一億円稼ぎたいなら、一億円稼いでみること。途中経過は多分、人それぞれ。

そう考えると、理論上、天性のモノ(才能)、スポーツ医学的なモノ(肉体年齢)以外、すべての夢は叶えられる、ということになります。

たとえば、僕が今からジャニーズJr.に入団したいとしたら。これは年齢的にも、骨格的にも、ルックス的にも無理です。オリンピックでメダルを獲るのも、ボクシングで世界チャンピオンになるのも、同様に無理。才能、肉体年齢の時点でアウトです。なので「夢はなんでも叶う!」なんてことは絶対にない。

ただ、後天性のモノ、肉体年齢が関係ないモノ、これは理屈上叶えられる、はずです。

たとえば、銀座の一等地にお店を出したい。カナダでアパレルショップを経営したい。司法書士の試験に合格したい。YouTuberとして稼ぎたい。

これらは、才能や肉体年齢にそう左右されません。実現のキーポイントは「できるようになるまで、やればいい」

アメリカには「先住民の雨乞いは必ず叶う」という有名なことわざがあります。干ばつに悩まされたインディアンが、雨乞いを天に捧げると必ず雨が降ってきた、というものです。カラクリは、地球の歴史上いつかは必ず雨は降るから。降るまで雨乞いを続けるから、降る。できるまでやりゃあ、そりゃできる、という意味です。

一瞬、ふざけたことわざだと思わなくもないですが、意外と真理をついている。ただ、そこにそれだけの時間と労力をかける価値があるのか、ないのか。どちらかというと、そっちのほうが問題。

価値があるのであれば、叶う。だって、叶うまでやればいいんだから。

たとえ成功しなくても、絶対に成長する

そして、もし、叶わなくても、それでも努力する価値はある。

そう教えてくれたのは、以前インタビューした、著書『学年ビリのギャルが1年で偏差値を40上げて慶應大学に現役合格した話』（KADOKAWA／アスキー・メディアワークス）でお馴染みの坪田塾塾長、坪田信貴先生でした。

先生は日本を代表する人材育成のプロフェッショナル中のプロフェッショナル。

その先生が「生徒に〝努力すれば夢は必ず叶う〟なんて、そんな嘘は言えないです」と言いました。

「だって、たとえば、僕が今からNBAのスター選手になりたい！　って言っても100％無理じゃないですか（笑）。どんなに努力しても40過ぎた未経験者がアメリカのプロバスケット選手になって活躍はできない」

そして、先生は続けました。

「でもね、努力すれば、たとえ成功しなくても、人間、成長はするんです」と。

努力すれば、少なくとも「成長」はする。

そして、それは成功より大切なことだと、坪田先生は教えてくれました。

生前の今井さんと、坪田先生と、このおふたりとのインタビューは、その後の僕の仕事にとても大きな影響をもたらしてくれました。何か物事を始める際、とても大きな教訓になっています。

第8章

自分のためだけに生きるな！

DON'T LIVE ONLY FOR YOURSELF！

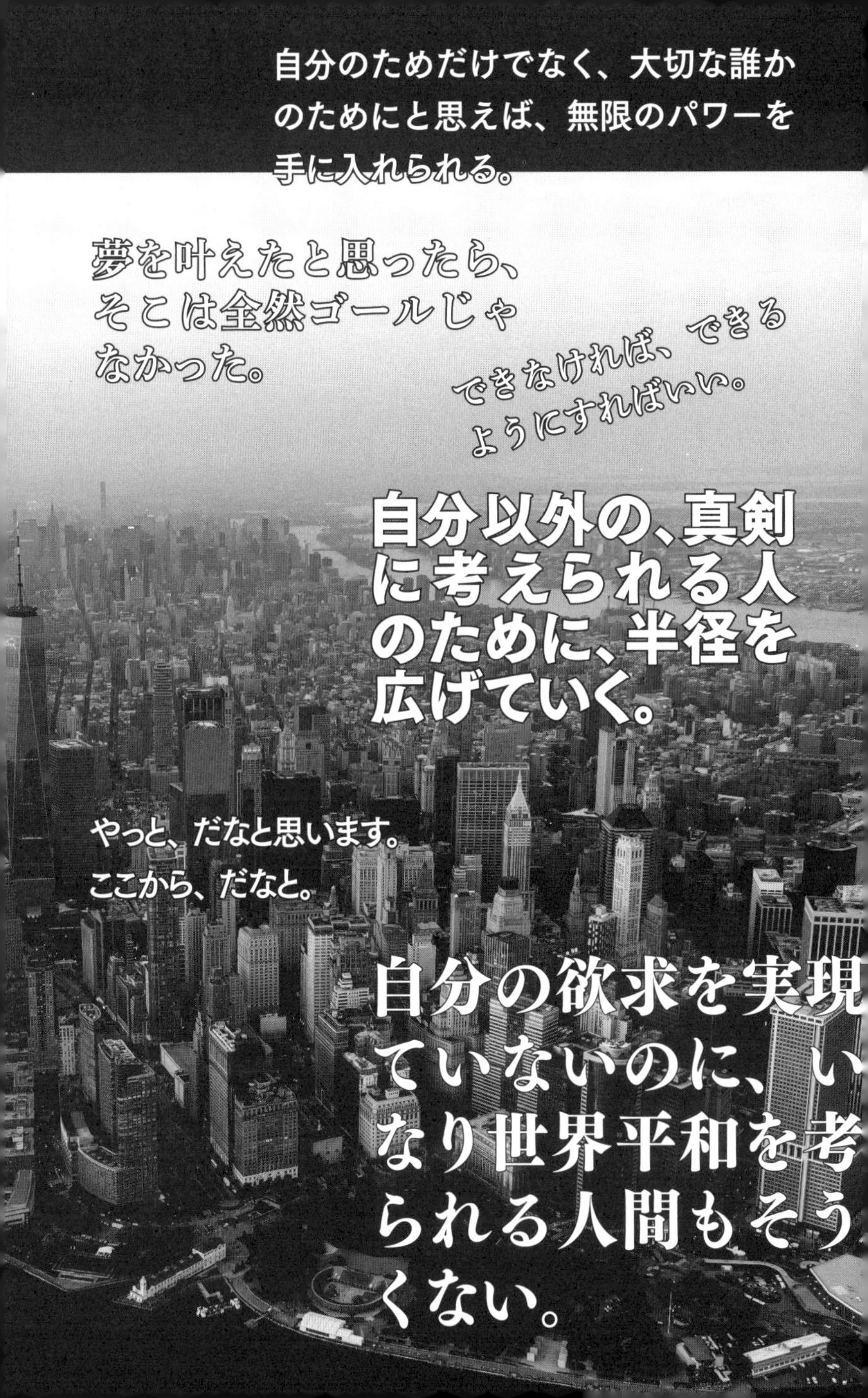

自分のためだけでなく、大切な誰かのためにと思えば、無限のパワーを手に入れられる。

夢を叶えたと思ったら、そこは全然ゴールじゃなかった。

できなければ、できるようにすればいい。

自分以外の、真剣に考えられる人のために、半径を広げていく。

やっと、だなと思います。

ここから、だなと。

自分の欲求を実現ていないのに、いなり世界平和を考られる人間もそうくない。

「自分のためだけ」は、限界がある

今までインタビューした世界のトップに立つ人たちは、もれなく、すでにお金も地も十分得ている人たちでした。

それでも未だに彼らが戦い続けている理由は、キレイごとじゃなく、「新しい医療の開発でひとりでも多くの人を救いたい」とか、「次の世界大会で勝って、日本を元気づけたい」とか、自分以外の誰かのことを本気で考えているということでした。

だから、彼らは自分の能力を超えたパフォーマンスを発揮できる。

自分以外の人のために戦うほうが、自分の能力を超えて頑張ることができる。

バカな僕は、40歳を過ぎるまで、そのことに気づきませんでした。

年に一回、決まった時期に訪れるアメリカ人会計士のデスクには、ふたりの娘さんの写真が飾られています。毎年アップデートされる写真に、もう10年以上そこに通っているこっちまで、まるで成長を見守る親戚の叔父さん気分。会ったこともない金髪ティーンエイジャーのふたりの女の子の近況を、本題前に（聞いてもないのに）延々と聞かされます。

先日訪れたユダヤ系弁護士のデスク上にも、奥さんと息子さんの２ショット写真が。ギターを手にした息子さんを指差し、思春期の難しさを（こっちが聞いてもいないのに）ひととおり語ってきました。「クラシックをやらせたかったのに、騒音みたいな音を出すエレキを買ってきた！」と嘆きつつ。

それでも、幼少の頃の可愛い写真の横に、ペイントした顔で舌を出す現在であろう写真も飾っていました。

今日訪問した銀行マンのデスクには恋人の写真。え？　彼女、日本人なの？　そう訊く僕に、なぜかドヤ顔で、（やっぱり聞いてもいないのに）２人の馴れ初めから語り始めます。

ニューヨーカーは職場に家族や大切な人の写真を飾ります。

雑貨屋さんで売られているフレームの種類も日本の比じゃありません。

そして、その写真きっかけで話題を作ろうとするので、当初は大統領選挙同様、「家族想いの自分」をアピールするためのアイテムかと、うがった見方をしていました。

自分に子どもができて、そうじゃなかったと知りました。

今、僕の社長室のデスクには4歳になった双子と8歳の雑種犬の写真が飾られています。

それを見ると、今まで5件のクロージング電話をかけていたのが、6件目をかけられるようになる。おつかれ、と帰る前に、もう一本企画書を書けるようになる。

最初の結婚から20年、僕は子どもを作ることを避け続けていました。なぜなら自分が弱くなりそうだと感じたから。夢を実現するのに足枷になりそうだ、と（だってハリウッド映画の無敵なスーパーヒーローの主人公ですら、子どもを人質に取られた途端、一気に別人のように無力になっていたし）。弱点ができると思っていました。失くすものがないほうが、強い、と。

でも「自分のためだけ」にこそ、限界がありました。

自分のためだけなら、自分さえ我慢すればいい。

目標が達成できなくても、中途半端で終わっても、自分さえ受け入れれば、済む。

たとえば年収も、そこでOKと思えば、それ以上望まなくなる。

今の僕は、嫌なことがあっても、ストレスを感じても、「(大切な誰かではなく)自分に降りかかっているから、まだいいよな」と思える。それが、多分、世間で言うところの「強くなった」ということなのかもしれません。

「自分のためだけに生きない」というのは、とってつけた偉そうな人生論なんかではなく、そっちのほうがずっと効率的で、ずっと生産的だということです。結局、そっちのほうがラクだったりするんです。

戦って、勝って、施すニューヨーカー

リチャード・ギア主催の、ユマ・サーマンなどのセレブも出席するダライ・ラマ氏の活動を支援するニューヨークの超セレブパーティーに毎年、ご招待いただきます。もちろん、知り合いからのコネクション招待。参加料ひとり1万ドル、自腹で出席できるわけがない。

世界を代表する超お金持ちパーティーは、もちろん僕には別世界。中国の不動産

王、ハリウッドスター、シンガポールの国王級の宗教家らが、にこやかに食事と会話を楽しむなか、あきらかに、〝新聞屋〟だけが場違い。僕だけが浮いています。

何より実は、このパーティーの目的はファンドレイジング（寄付）です。

彼らが持ち寄った不動産価格並みの絵画や彫刻をオークションにかけ、その収益金のすべてが世界の恵まれない子どもたちにまるまる寄付されます。


カッコいいと僕は思ってしまう。

もちろん税金対策の面もあるけれど、彼らはとにかく必死で働き、稼ぎ、そして寄付をします。宗教的な土壌があるからなのか、国民性なのかはわかりませんが、どちらにしろ日本と比べて、稼ぐことに対して、堂々と直接的です。

それは、稼いだ先に「施す」という目的も少なからずあるから。十分なお金があるのにまだ戦うのは、世界において、自分は何ができるかを証明したいため。多分、それが彼らにとっての最高に贅沢なこと。

僕も創業したときに、何かないとな、くらいの気持ちで「ニューヨークの日本人を少しでも暮らしやすくする情報紙」という会社のスローガンを掲げました。

当初は、正直、そんなに深く、こだわりがあって掲げたものではありませんでした。適当につけた。

でも、今、どんなに忙しく、苦しくても、このスローガンのおかげで動けているときもある。いちおうは、この大義名分があるしな、と言い聞かせられる。社員一同も迷えば、ここに立ち戻ってこられる。このスローガンがなければ、とっくに終わっていたかもしれません。

自分のためだけでなく、大切な誰かのためにと思えば、無限のパワーを手に入れられる。

キレイ事じゃない。40歳まで自分のことしか考えてこなかった僕が言うのだから間違いない。本気で自分以外の誰かのことを考えたほうが、ずっと楽しく、ずっと強く、ずっと面白い。

夢という名の欲望

最初の渡米、人生初の飛行機に乗った関西国際空港。

見送りに来てくれた当時の妻は、僕が世界で一番好きなハッピーターン（©亀田製菓）を「売店で買ってくるので、持って行って」と言い出しました。もう搭乗時間が迫っていたので、こっちはお菓子なんてどうでもいい。

それでも1軒目の売店で売り切れと言われた彼女は、「向こうのロビーの売店にも探しに行く」と言い出します。乗り遅れるわけにいかない僕が「もういいよ、時間だから」と断ったときに、初めて彼女が、声を殺して泣いていることに気がつきました。

夢を追うんだ！　と勝手に酔いしれていた僕は、そのとき、本当の意味で、自分の行動があまりにも身勝手だったと自覚します。

この歳になって、本物の家庭を持つ身になると、当時は20歳そこらで勢いで入籍した、ただの「結婚ごっこ」レベルだったのだとも思います。それでも、自分のしたいことのためだけに、それを捨て、巻き込んだ人間がいる。

「夢」と言うと、聞こえはいいけれど、結局それは誰に頼まれたわけでもなく、自分のための「欲望」です。世界の中心と呼ばれる街で、華やかなイメージのマスコミ業に就いたら、楽しいだろうな、稼げるかな、モテるかな、人から一目置かれるかな、というただの欲望。楽しみたい、いいモン食いたい、いい車乗りたい、なんなら、やりがいを感じたいも含め、これらはすべて自分のためです。

社会のために、人のために、何かをしたわけじゃない。誇れるものは何もない。世間で言う「夢」のほとんどは、本当は「欲」という言葉のほうが的確なんじゃないかと思うのです。

子どもができてそう気づいて以降、日本での講演会の際、司会が僕を呼び込むときの「12歳の頃からの、ニューヨークでジャーナリストになるという夢を実現した……」とか「幼少の頃からの憧れの地位を確立した……」というフレーズに、「こいつ、自分の生理的欲求を満たすため、とうとう地球の裏まで行っちゃったドスケベなんですよー！」と言われているような気がして、やたら恥ずかしく思うようになりました。

夢を叶えたと思ったら、そこは全然ゴールじゃありませんでした。

まったく満たされていない自分が、まだいます。

欲望を満たして初めて見える本当の夢

その一方で、自分の欲求を実現していないのに、いきなり世界平和を考えられる人間もそう多くない。もちろん、少なからずそういう人もいるとは思います。でも、少なくとも僕には無理でした。

自分の欲望を満たせたからこそ、やっと建前でなく、少しでも、自分以外の社会のために生きられたらな、と思えるようになってきた。将来、息子や娘にとって自慢できる親父になりたいと思えるようになってきた。

ということは、利己の精神が満たされないと利他の精神なんて本質的な意味で出てこないのではないでしょうか。

このロジックをもとに言うならば、「夢」という名の「欲望」、つまり自分のしたいこと、やりたいことは、とっとと叶えてください。

なぜなら、そこがゴールじゃないから。

希望職種、希望年収、希望資格は、手段でしかない。スタートでしかない。それらを武器に何ができるのか。そっちのほうがずっと重要なのです。

そろそろ、自分を信じてもいいだろう

ニューヨークって、交通手段がとても便利な街なんです。

全米で唯一、マンハッタンだけが車両がなくても移動ができる街で、地下鉄にもバスにもタクシーにもウーバーにも事欠きません。

今年のはじめ、ひとりの社員に言われました。

「シャチョー、社用車いらなくないっすか？　必要なときだけＺＩＰカー（時間貸しのレンタカー）借りれば」

……そりゃあ気づいてはいたけどさ。でも、やっと手にした憧れのＢＭＷを手放すの？

確かに、マンハッタンの駐車場料金は都内のワンルームマンション並み。コスト計算すれば、かなり浮きます。良い社長なら間違いなくそのお金を社員に還元して

いるはず。

迷いましたが、結果、年内いっぱいでリースを解約することになりました。

5年ほど前から日本で講演会のお仕事をいただくようになり、そのあたりから、毎年バレンタインのシーズンになると、チョコレートがオフィスに届くようになりました。ピーク時、数十個届いた年には、僕はかなりのドヤ顔で自慢していました。まるでそれが自分の価値を測るバロメーターのように。周囲からはバカに見えていたと思います……。

それが、加齢とメタボとともに年々減っていき、子どもができてからさらに減り……とうとう今年の2月、ゼロ……(その時期、毎日社員がニヤニヤこっち見やがるんだ)。


一時期、機械式の高級腕時計にハマった時期がありました。貧乏人の成り上がりにありがちな、通過儀礼というか、麻疹《はしか》のようなものです。家内に「腕は何本なの?」とイヤミを言われつつ、片っぱしからブランド品を買い集めました。でも、結果……いつも腕にするのはお気に入りのブライトリングばかり。他は棚の飾りになっています。

ニューヨークでは毎日のように新しいレストランがオープンします。
全世界から進出したザガットやミシュランで星がつく高級店は、イタリアンにフレンチに中華にベトナミーズ、日本食にエジプシャンまで。それらに仕事柄、レビューを書くため、僕たちは、毎週のように招待されます。
そして、それをこの15年間、とても価値のある生活だと思い込んでいました。でも、もともと育ちもよくなく、バカな舌しか持ち合わせていない僕は「結局、ほか弁のチキン南蛮弁当よりウマかった料理はあったっけかな……」という、今書いていても、情けなくなるような感想しか出てきません。

車は今年いっぱいでなくなります。チョコレートは届かなくなりました。時計も1本でいい。多分、チキン南蛮弁当さえあれば僕は満足できる。

やっと、だなと思います。ここから、だなと。
もう40代半ばになっちゃったけど、本当の意味で、やっとこれから始められる。

今までは自分で自分を納得させるための人生でした。

でも、もういいだろう。ＢＭＷ、多分似合ってなかったし。修正しまくったＳＮＳのプロフ写真と実物、ずいぶん違いますね、とよく言われるし。本当に正確な時間を知りたいときは、ケータイ見てたし。もともと雪見だいふく（©Lotte）が世界一美味しいと思う舌しか持ち合わせてないし。

それでも、自分の欲求のためなら、周囲の人間10人全員に反対されても、行動し、実現させた実績を自分は知っている。

条件さえ揃えば、自分を少しは信じてやれると思える。

今まで自分と家族と、せめてギリギリ社員のことだけに使ってきたその行動力の半径を、少しでも広げていく。

まずは在米の日本人のためにその半径を広げ、次に北米に進出したい日本人のために広げ……そうやって、自分以外の、真剣に考えられる人のために、半径を広げていく。

僕にとっての「行動」とは、つまりは、そういうことなのです。

エピローグ

ふと、どうして地球の裏まで来たんだろうと考えることがあります。
思い出すことは「そうだ、〝わかりたくなかった〟んだ」ということ。

大阪のサラリーマン時代、毎朝の朝礼で各部署のマネージャーが日々の業務を発表していました。前日、まったく仕事をせずに、日経新聞を読んでラインマーカーを引いていた同僚は、それをそのまま朝礼で発表し、すごいと褒められていました。ときには「マーケットのニーズにＡＳＡＰでレスポンスするため、カスタマーデータを元にタイムリーなツールをクイックリーチして……」とアメリカ人も使わないビジネス英語を駆使して「おー！」と感嘆されてもいました。

要は「名簿を元にチラシを郵送する」だけのことなので、直後、僕は「じゃあ、僕は名簿にチラシ送ります」と発表し、課長に苦虫を嚙み潰したような顔で睨まれていました。

今となっては少し反省もします。

会社というコミュニティーにはヒエラルキーと一定のルールが存在し、そこと呼吸を合わせることも社会人としては必要。20代半ばの僕はあまりにガキでした。当然、扱いにくく、いつも課長に説教されていました。「そういうとこなんだよ、わかんないかなぁ」と。


生徒の相談を優先して、部署の飲み会を欠席した際にも、同様に言われました。「そういうとこなんだよ、わかんないかなぁ」

営業成績でダントツ首位を獲った際にも「そこまでぶっちぎる必要あるのか？2位の人間の気持ちを考えたことあるのか？」と説教されたこともあります（これ、実話です）。その際も「そういうとこなんだよ、わかんないかなぁ」と。

多分、今となっての後づけですが、「わかんない」でいたかったんだと思います。わかりたくなかったのだ、と。

当時の若気の至りのバカさ加減を認めた上で、それでも、今、冷静に振り返っても「そういうとこ」を「わかりたくなかった」し「わからない自分」でよかったとも思います。だから、地球の裏まで来ちゃったのかもしれないな、と。

そのときの僕はある意味、「社会不適合者」だったのかもしれません。

年齢にもよるかもしれないけれど、でも、もし、そのとき、社会に適合していれば、その先の夢を見ることはできなかった気もします。

僕の人生、やっと落ち着いたかに見えたけど、世界一物価と教育費の高い街で双子が生まれたり、戦後史上、最強に外国人嫌いの大統領が誕生したり、建国史上、最難関なビザ取得状況になったり、さらに厳しくなってきました。

怠け者の僕をサボらせないため、いつだってこの街は僕を崖っぷちでいさせてくれます。

それでも、今の仕事を、生まれ変わってもまたしたいと思うほど好きだから堪えられる。

「ほとんど休みを取れない仕事で、やめたいと思うことはないですか」よく訊かれるこの質問に「毎日です(笑)」と即答します。

でも、同時に「結局、好きな仕事をやらせてもらってるんだしな」と心のなかで苦笑いする。

もちろん、世界一スピードが早く、物価も税金も桁違いに高い街で、〝外国人〟として、〝紙媒体〟の零細新聞社を15年間以上運営するのは、苦しくないわけがありません。ニューヨークは１０００の会社や店が立ち上がっても、10年以内に、９９は消えると言われる街。ときには「狂気の世界」に身を置いているな、と思うくらい、まともな神経じゃやっていけないことも、また事実です。

そんなときの、僕なりの心の対処法。

現実の厳しいことや、危機に直面した際、僕が遂行するのは、「自分を映画のなかの主人公だと思い込む」作戦です。それで凌いでいます。

イヤ、これ、マジで。半笑いで今、書いていますが、でも至って真面目です。

日々のピンチに晒されたとき、自分を映画のなかの主人公だと思い込む。今はピンチでも最終的には勝てる。だって、主人公だから。

アホみたいではあると思います。もちろん自覚もしています。でも、甘くはない「現実というノンフィクション」から逃げずに正面から挑むため、せめて脳のなかだけで、自分をフィクションの主人公だと思い込むことは結構、有効です。

試しにやってみてください、いや、ホントに。

嫌味な上司、無理難題を押しつけてくるクライアント、セコい手で邪魔するライバル、全員「敵の悪役」にしちゃえばいい。映画のなかの主人公だって劇中、ずっと勝ち続けているわけじゃない。でも、ここからどうやって逆転に持っていくか。ピンチがピンチなほど、ラストで逆転したときのカタルシスも大きい。もちろん、そう思わなきゃやっていけないだけだとしても。

ここでひとつポイントなのは、その主演映画のイメージは、できればハリウッド産の大型バカアクションムービーのほうがいい、ということ。ビジネスの現場だからといって、経済小説を原作にした映画「ウォール街」やドラマ「半沢直樹」のようなシリアスな社会派作品はやめたほうがいいです。理由はリアルすぎて、シンドイから(笑)。

厳しい現実から逃げないため、せめて脳のなかだけでもゲーム感覚で現状を打開する作戦なのに、疲れてしまっては逆効果。やっぱりスタローンやブルース・ウィリスが主演しそうなスカッと単純なアクション巨編をお勧めします。

ちなみに僕は、仕事でピンチを迎えたとき、いつも頭のなかには「ミッション：インポッシブル」の例のあのテーマ曲が流れています。もうパブロフの犬状態で、ここ最近では危機を迎えると勝手に頭のなかで流れるようになりました。

「今夜中に20000字の原稿を仕上げなきゃいけない」
「今週中に、多額な売掛金を回収しないといけない」
「月末までに目標売上を達成しなきゃいけない」

そんなタイムリミットがあるピンチのときは、頭のなかでそのテーマ曲が流れ始め、いつも社長室の一番近くに座っている営業部長の女子社員の首に、時限爆弾が設置されます。されたと仮定します。彼女を助ける解除キーは、前述の仕事のタスク。

間に合わないと彼女の頭部が吹っ飛ぶ……。

ここ数年、彼女は毎月末の度、僕に時限爆弾を首にセットされています(想像上でも、家族は使わない・笑)。最近では「また、時限爆弾つけられてます、アタシ?」とバレたりしてるけれど。

営業先や取引先との交渉で、相手を説き伏せなきゃいけないときは「ロッキー」。訪問先のビルのエレベーターを降りる頃に入場曲が鳴り終わり、名刺交換がゴング代わり。

リングで実際に殴り合うのと比べれば、緊張も気負いもなくなります。

逆を言えば、もしギリギリでタイムリミットに間に合わなくても、現実世界で彼女の頭部が吹っ飛ばされることはない。交渉が不成立でも、15ラウンド顔面をボコボコに殴られるわけじゃない。

胃がキリキリ痛むほどの危機的状況や、手に汗握る真剣勝負の場面をせめてゲーム感覚で楽しむという話です。逃げるより1000倍いい。

「40代半ばで何言ってるの？」と横にいる妻に真顔でつぶやかれつつ書いていますが、でも「勝てば官軍」という言葉があるように、この厳しい社会のなかで、この話（現実）の主人公（官軍）は自分サイドであり、エンドクレジットが流れる頃にはハッピーエンドになっていると思い込むことは、大切なことだと思っています。

それに、すべての人が人生という名のドラマの主人公なら、そのドラマは山あり谷ありのジェットコースタームービーのほうが絶対面白い。

ここまで気恥ずかしいことを書いたついでに、もうちょっとカミングアウトすると、思春期に読んで最も影響を受けた漫画『北斗の拳』が未だに僕は、人生のベースになっちゃったりしています。

文芸作品でもない、ただのコミックがバイブルになるあたり、自分のバカさ加減を公言しちゃっているようなものですが、でも多分、僕の世代で当時、影響を受けなかった男子はいないと思います。

荒野で生きる主人公ケンシロウには多くの強敵（とも）と呼ばれる敵やライバルがいる。自分を勝手にケンシロウだと思い込めば、この厳しい荒野のようなニューヨークメディア業界でもサバイブできます。

実際この業界にはラオウのような覇者がいるし、トキのような兄貴的存在もいる。レイのような盟友、シンのようなライバル、もちろんジャギのような小狡い小悪党だって、西海岸に行けば修羅の国のカイオウもいる。

でも、最終的に勝つのは自分だと思い込む。だってケンシロウだから(笑)。

今日嫌なことがあっても、ドラマは続く。

明日は、「主人公」のアナタが見返してやればいい。

イヤな客に土下座させられたならば心のなかで「来週へ続く……」と予告編を流そう。タイトルは「逆襲！」だ。

友人に裏切られたなら、それを許す自分の笑顔をカメラが俯瞰で撮っている。タ日のなかならモアベターだ。

それに僕は、いつだってこう思っています。いい中年になったこの歳になっても、ここから先いくつになっても、思うようにしています。好きな映画のラストシーン。主人公２人組のセリフをパクって。

「まだ、始まってもねえよー」と。

あとがき

ここまで、「行動こそがすべて」、と書き綴ってきました。

最後に、ここまで読んでくださった方が後ろにひっくり返るくらい言ってきたこと自体をひっくり返すなら、実はもちろん「すべて」だとは思っていません。

世の中、何もしなくても幸せな人は多いし、行動しないと幸せになれないなんてことはない。むしろ「行動する」ということはリスクも伴い、最終的に「しないほうがよかった」と思う場合だってあるはずです。

幸せに生きる、ということと、行動する、ということは別物、です。関係ない。

ただ、本書を手に取ってくださった方は、少なからず、今、「行動しなければ」「行動したい」と思っていた人だと思います。じゃないとここまで読んでくれなかったはず。

その時点で、あなたは「行動しなきゃいけない」側の人間。

そうであれば「行動」したほうがいいし、しないといけない。

なぜなら、もう〝こっち側〟の人間だから。理屈じゃない。

行動したから、幸せになるとは限らないとわかった上で、それでも、何かをしたいと逸《はや》っている自分がいる。周りが「今のままのあなたでいい」と温かく言ってくれるなか、「今のままでいいわけがない」と焦り、渇いている自分がいる。

過去、やらなくて後悔したことを、都合よく忘れられる人間じゃない自分がいる。


であれば、戦おう。腹を括ろう。リスクなんてない。人生との和解なんて死ぬ直前でいい。

今の日本、失敗したところで、命までは奪われない。それは保証します。


やってみよう。

行動したあなたと、世界の街角のどこかで会えますように。

いろいろ迷ったけど。

最初は4年前に生まれてきてくれた双子、〝実希と英斗に捧げる――〟と書くつもりだったけど。

生きている間に、老い先短い〝親父に捧げる――〟に変更しとこうか。

死に目に会えなかった〝天国の母に捧げる――〟で涙を誘おうか。

奇をてらって、愛犬〝みりん（拾ってきた偽物ビーグル）に捧げる――〟で笑いに逃げようか。

でも、結局は。

まったくのゼロから、今に至るまで、いつもそばにいてくれて、めちゃくちゃな僕の半生に付き合ってくれた、妻、亜希子に本書を捧げます――。

高橋克明（たかはし・よしあき）

1973年9月8日（ニューヨークの日）岡山県瀬戸内海側生まれ。

専門学校講師の職を捨て、27歳のとき単身あてもなくニューヨークへ。ビザとパスポートの違いもわからず、幼少期の「ＮＹでジャーナリスト」の夢だけを胸に渡米。現在はニューヨークをベースに発刊する週刊邦字紙「ニューヨークBIZ」CEO兼インタビュアー。ハリウッドスター、アスリート、俳優、アイドル、政治家、事業家など、1000を超える著名人にインタビューする人気コーナー「ガチ！」(nybiz.nyc/gachi)担当。日本最大のメルマガポータルサイト「まぐまぐ！」にて連載中の「NEW YORK 摩天楼便り」は、3年連続「まぐまぐ大賞」受賞。ブログ「NEW YORK 摩天楼日記」はブログ人気村ニューヨーク部門4年連続第1位。現在、ジャーナリストの視点から日米の相違など、海外進出を希望する企業や世界へ飛び立ちたい青少年などを対象に講演活動中。

http://yoshiakitakahashi.nyc

Twitter： @Nymatenrou

Facebook：@yoshiaki.takahashi.520

Blog：「NY 新聞社社長の摩天楼★日記」https://ameblo.jp/matenrounikki/

メルマガ：「NEW YORK 摩天楼便り」 www.mag2.com/m/0001647814.htm
日本最大のポータルサイト「まぐまぐ！」にて3年連続大賞受賞！